Manuale di dizione e pronuncia

Ughetta Lanari

MANUALE
DI DIZIONE E PRONUNCIA

GIUNTI

SOMMARIO

PRESENTAZIONE

Non è soltanto l'amore per il mio lavoro che mi ha spinto a riassumere in questo libro le regole del parlare e leggere bene, ma anche l'esigenza, avvertita da molti giovani, di avere una base dalla quale partire per affrontare professioni che si affidano alla parola più che all'immagine.

Spero che anche i professionisti traggano motivo di sicurezza dalla consultazione di queste pagine, in cui ho cercato di riassumere tutte le incertezze che ho avuto nel corso della mia carriera; e non me ne vogliano i lettori se ne avrò dimenticata qualcuna.

Mi auguro che siano in molti a voler recuperare il gusto di parlar bene, il piacere di leggere e l'ambizione di sapersi esprimere correttamente.

LA VOCE

La voce è il primo mezzo di comunicazione umano. Il neonato comunica attraverso il pianto, che assume toni diversi secondo le sue esigenze; l'adulto comunica attraverso la parola con la quale esprime i propri pensieri, si fa capire, entra in sintonia con gli altri.

Emettere suoni, parlare scegliendo le parole attinte dal nostro vastissimo vocabolario, comunicare attraverso il tono e il volume le proprie emozioni, questa è una delle prerogative più affascinanti dell'uomo.
La varietà e quantità di suoni che la voce umana può emettere è paragonabile alle infinite possibilità di espressione che solo la musica può dare, ma generalmente pochi sanno usare appieno il meraviglioso strumento della voce.
Se nel canto si estrinsecano al massimo le possibilità espressive della voce umana, anche nel parlare e nel leggere si possono ottenere variazioni altamente suggestive.
La voce è stata in ogni tempo un elemento di grande fascino, come testimoniano i tanti esempi letterari che ce ne parlano come di qualcosa di magico, di ammaliatore.
Ci sono voci che turbano, che fanno venire i brividi, che scuotono il nostro mondo immaginario; per contro, altre possono risultare sgradevoli al nostro orecchio.
La voce è una componente fondamentale della nostra personalità; soprattutto, il mezzo di comunicazione più personale e intimo, perché attraverso la parola sveliamo la nostra anima.

Secondo Nietzsche "la voce dell'uomo è l'apologia della musica".

Meno poeticamente, la voce è il suono prodotto dalle vibrazioni delle corde vocali per il passaggio dell'aria emessa durante l'espirazione e modulata dagli organi dell'apparato fonatorio.

Gli organi che intervengono nella formazione della voce sono: laringe, epiglottide, palato, lingua, denti, diaframma, corde vocali, e naturalmente i polmoni che spingono l'aria verso l'alto.

Si può capire quindi come la voce sia una caratteristica squisitamente individuale, infatti ogni persona ha la sua voce, un suono originale suscettibile di infinite modulazioni attraverso il tono, il ritmo, il volume e l'intensità.

Per quanto possa sembrare strano, gli unici a non conoscere la propria voce siamo noi stessi: quando parliamo non ci rendiamo conto dei suoni che emettiamo, perciò se abbiamo l'occasione di riascoltarci, la nostra voce ci risulta estranea e il più delle volte non ci piace.

Come esistono vari accorgimenti per migliorare la propria immagine, così è per la voce: si può intervenire per renderla più gradevole e rispondente alla nostra personalità. Questo avviene non solo con l'esercizio, ma anche cercando di acquisire una giusta impostazione con l'aiuto di un medico specializzato (*foniatra* e *logopedista*).

Senza trattare qui i problemi di pronuncia (*dislalie*) che più frequentemente riguardano la *r* e la *s*, mi limiterò a evidenziare che tali dislalie si possono correggere. Le persone, numerosissime, per le quali la voce è uno strumento di lavoro, possono intervenire su questo strumento per migliorarlo, ampliarlo, rafforzarlo, addolcirlo, renderlo gradevole e affascinante.

L'IMPORTANZA DI PARLARE
E LEGGERE BENE

Non solo la voce è fondamentale, ma anche il modo di parlare, la capacità di scegliere le parole che esprimano il nostro pensiero e che ne siano fedele riproduzione.

Il modo in cui parliamo rivela immediatamente a chi ascolta aspetti del nostro carattere altrimenti difficili da scoprire. Lo stesso vale per la lettura: una lettura calma e controllata denota una persona equilibrata, mentre al contrario una persona ansiosa tenderà a leggere troppo velocemente.

Parlare e leggere bene è motivo di sicurezza in più. Chi ha difetti di pronuncia, chi balbetta, vive questo problema come un condizionamento che limita le sue capacità di espressione. La stessa timidezza può essere attenuata se non addirittura vinta con la consapevolezza di potersi esprimere in forma corretta.

Il dubbio sull'esatta pronuncia delle parole ne condiziona l'uso e limita la comunicazione, che inevitabilmente si riduce all'uso dei soli vocaboli che conosciamo. Per attori, cantanti, giornalisti, doppiatori, speaker, presentatori, rappresentanti, la parola è il mezzo principale per svolgere la loro professione, e alla voce è affidato il compito di convincere, affascinare, incantare, coinvolgere chi li ascolta.

Anche chi non fa uso specificatamente professionale della parola, però, può sentire l'esigenza di migliorare la propria dizione e farne un vero e proprio biglietto da visita.

Parlare bene significa anche attingere a una lingua comune, svincolata dai dialetti; questi infatti, pur rivestendo un valore culturale da conservare, ostacolano la comprensione e creano barriere di prevenzione e discriminazione.

La proprietà del linguaggio, la scioltezza dell'eloquio, la padronanza dei vocaboli e il controllo del mezzo vocale non possono che avvicinare chi parla e chi ascolta in una comunione di emozioni e sensazioni che valorizzano la personalità. Già da piccoli bisognerebbe essere educati a parlare bene: un "parlare bene" che non è solo la capacità di costruire una frase o scegliere il vocabolo giusto, ma anche l'essere in grado di pronunciare correttamente le parole e dare alle stesse l'intonazione e la forza che ne esaltino il significato.

L'arte oratoria è una delle più antiche del mondo: l'alternare pause e incisi, toni acuti e gravi, sottolineature, accelerazioni e rallentamenti, costituisce il tappeto sul quale far scorrere, attraverso le parole, il nostro pensiero e renderlo più incisivo e affascinante.

Parlare e leggere bene sono tra gli apprendimenti umani che condizioneranno maggiormente la vita dell'adulto.

La prima lingua che si parla è quella che si apprende in famiglia, destinata a svilupparsi nel contesto sociale in cui si vive: spesso è un dialetto o una lingua che affonda le sue radici nel luogo in cui viviamo e che ci fa sentire appartenenti a un gruppo.

La scuola, che dovrebbe fornire la possibilità di parlare una corretta lingua comune, unificatrice - il che normalmente avviene per lo scrivere - non sempre riserva la stessa attenzione alla lingua parlata. In sostanza si può imparare a scrivere correttamente ed essere nello stesso tempo un pessimo lettore o dicitore, in quanto si scrive in italiano ma ci si esprime con inflessioni dialettali.

Ecco quindi che parlare bene diventa importante e in alcuni casi fondamentale. Molti silenzi, molte timidezze o insicurezze sono determinati anche dall'incapacità di parlare e di leggere bene: non basta, infatti, riconoscere le parole e leggerle una dietro l'altra, ma occorre pronunciarle correttamente e dare alla frase il giusto ritmo che dichiari la nostra comprensione di quanto stiamo leggendo o dicendo, insomma un'assoluta padronanza del nostro vocabolario.

Salvo rare eccezioni gli insegnanti in genere non si preoccupano di insegnare le regole di fonetica e l'esatta dizione, né suggeriscono la differenza di interpretazione di una lettura in prosa o in versi, o di un discorso diretto o indiretto; si legge e basta, si ripete la lezione e basta, senza prestare attenzione all'esposizione.

LA RESPIRAZIONE

Uno dei principali difetti nella lettura è, oltre alla velocità, l'incapacità di prendere i fiati.

Respirare è un meccanismo automatico, ma saper respirare e dosare l'aria una volta giunta nei polmoni per poi distribuirla nel corso della lettura è una tecnica che non tutti conoscono.

La respirazione è composta di due movimenti, *inspirazione* ed *espirazione*:

● **inspirare** significa immettere l'aria nei polmoni attraverso il naso o la bocca.

● **espirare** significa emettere l'aria attraverso il naso o la bocca.

Dal momento che l'attività respiratoria è un processo naturale che compiamo spontaneamente, non sempre siamo consapevoli dei passaggi della respirazione, che diventa invece interessante controllare per verificare se durante le due fasi si mettono in funzione gli organi che servono a ottenere una perfetta ossigenazione e a immagazzinare l'aria che ci occorre per parlare o per leggere.

L'inspirazione, cioè l'immissione dell'aria nei polmoni, dovrebbe avvenire attraverso il naso e senza sollevare le spalle, in modo lento e profondo.

La respirazione fisiologica prevede la dilatazione dell'addome in fase inspiratoria al fine di favorire l'abbassamento del diaframma. Il diaframma è una membrana muscolare tendinea a forma di cupola che separa la cavità toracica da quella addominale.

La mancanza di una buona tecnica respiratoria che ottimizzi l'uso del diaframma e dei muscoli (addominali e toracici) a esso collegati, provoca non solo una sensazione di tensione, ma anche una facile stancabilità vocale soprattutto quando sono richieste prestazioni fonatorie prolungate. Per abituarsi a respirare nella maniera utile a mettere in funzione il diaframma suggerisco il seguente esercizio:

● in posizione seduta ma con il busto eretto, oppure in piedi, mantenere la pancia in dentro e i glutei stretti;

● in questa posizione inspirare profondamente dal naso facendo attenzione a non sollevare le spalle;

● a inspirazione avvenuta, sempre restando nella posizione di pancia in dentro e glutei stretti, aprire la bocca ed espirare lentamente come se si dovesse appannare uno specchio con il fiato, controllando la fuoriuscita dell'aria. Il suono emesso ricorda quello di uno pneumatico che si sgonfia lentamente.

Sorprenderà notare come la ripetizione di questo esercizio aumenti la capacità di immagazzinare aria e il controllo della stessa in fase di emissione.

Poggiando la mano sulla parete addominale, si può controllare la tensione e la progressiva capacità di partecipazione attiva della parete muscolare alla dinamica respiratoria-fonatoria.

Per accentuare questa capacità suggerisco di scandire, a voce alta e a intervalli regolari, le lettere dell'alfabeto o una serie di numeri.

Man mano che si procede nell'esercizio la nostra capacità di contare aumenterà: se all'inizio riuscivamo ad arrivare con il fiato fino a 11 o 20, con la ripetizione arriveremo gradatamente a numerazioni più alte o a dire tutte le lettere dell'alfabeto senza riprendere fiato, che non vuol dire in apnea, ma dosando lentamente l'aria che abbiamo immagazzinato con la corretta inspirazione.

GLI ACCENTI

Quando pronunciamo una parola, calchiamo di più la voce, la appoggiamo su una vocale piuttosto che su un'altra seguendo l'*accento tonico* della parola stessa. Esempi:

> *Catània, Marìsa, càpita.*

Nella lingua italiana, a seconda della sillaba su cui cade l'accento tonico, le parole si dividono in :

- **tronche** con l'accento tonico sull'ultima sillaba:

> *parità*

- **piane** con l'accento tonico sulla penultima sillaba:

> *matèrno*

- **sdrucciole** con l'accento tonico che cade sulla terzultima sillaba:

> *àrbitro*;

- **bisdrucciole** quando l'accento tonico cade sulla quartultima sillaba:

> *pìgolano.*

Il segno dell'accento è un elemento del linguaggio orale che solo in certi casi viene segnato graficamente. L'accento grafico può essere *acuto* o *grave*: è usato per indicare la sede dell'accento tonico, e per distinguere la pronuncia chiusa o aperta delle vocali *o* ed *e*:

● l'**accento acuto**, graficamente indicato con una barretta diagonale verso sinistra (´), indica una pronuncia chiusa:

péso, sédici, fétta

● l'**accento grave**, graficamente indicato con una barretta diagonale verso destra (`), indica una pronuncia aperta:

schiètto, nòtte, pòco.

Gli errori più diffusi nella lettura delle vocali *o* ed *e* si riscontrano nelle pronunce dialettali che identificano immediatamente la provenienza regionale. Per esempio, chi pronuncia "béne" invece che *bène* proviene senza dubbio dall'Italia settentrionale. Un altro errore abbastanza frequente si fa quando, per sottolineare, nel corso della lettura, alcune parole che si ritengono di maggiore importanza, anziché evidenziarle con il tono della voce, si pronunciano spostandone l'accento tonico. Esempio:

Era evidente la condizione disumana nella quale versava.

Il lettore che vuole evidenziare la parola *disumana* può farlo leggendola come fra parentesi, oppure facendola precedere da una leggera pausa, oppure allungando appena il ritmo della parola stessa, ma sbaglia se per sottolinearla sposta l'accento tonico che cade sulla sillaba *ma* di *disumàna* e lo mette sulla *di*: "dìsumana". Altro esempio:

Il furto è stato di ben 35 milioni.

Il numero 35 ha l'accento tonico sul 5 e quindi si pronuncia *trentacìnque*; molti per evidenziare la cifra addirittura la spezzano pronunciando "trénta cinque milioni".
In conclusione, nella pronuncia delle parole bisogna rispettare l'accento tonico.

ACCENTO TONICO:
GLI ERRORI DI PRONUNCIA
PIÙ COMUNI

È stata indicata solo la pronuncia esatta per non creare confusione.

abomàso	gladìolo	réna (sabbia)
àbroga	gómena	rène (ghiandola)
àlacre	guaìna	réni (lombi)
àlveo	ìmpari	Rèno (fiume)
amàca	ìmprobo	rubrìca
andrògino	incàvo	Salgàri
Àrdea	ìncubo	salùbre
baùle	insalùbre	sàrtia
cadùco	ippòdromo	sestìle
callìfugo	leccornìa	sguaìno
codardìa	màcabro	tèrmite
colòssal	mendìco	Timòteo
còrreo	mìcrobi	travèt
cosmopolìta	millìlitro	ubbìa
cucùlo	millìmetro	ùpupa
dàrsena	misògino	utensìli
edìle	Nùoro	vermìfugo
ettòlitro	pària	Vicovàro
èureka	persuadére	Villasimìus
facocèro	polìcromo	zaffìro
Friùli	pudìco	

La parola *utensìli* si legge con l'accento sulla *e* solo quando è usata come aggettivo. Esempio: *macchine utènsili*.

LA PRONUNCIA DELLE VOCALI

Le vocali come sappiamo sono: *i, u, o, a, e.*

Per quanto riguarda la pronuncia della **i**, della **u** e della **a**, non ci sono problemi da evidenziare in quanto ciascuna di queste vocali ha sempre un unico suono.

Invece le vocali **e** ed **o** possono avere suono chiuso o aperto, indicato rispettivamente dall'accento grafico acuto (´) o grave (`).

LA VOCALE "O"

La **vocale** *o* si pronuncia **aperta**, quindi si indica con l'accento grave, nei seguenti casi:

● nel dittongo **uo**:

   buòno, suòno

● nelle parole che terminano con una consonante:

   stòp, còlon, blòb, gòlf

● quando è desinenza del passato remoto o del futuro:

   suonò, pensò, mangerò, riderò

● quando è suffisso di parole che terminano in -**occio**:

   bellòccio, carròccio, fantòccio

● nei suffissi -**olo**, -**ola**:

   bugliòlo, lenzuòla, piazzòla

● nel suffisso -**oide**:

   pazzòide, andròide

● nella terminazione -**oldo**:

   Leopòldo, Arnòldo

● nella terminazione -**olfo**:

   Rodòlfo, Astòlfo

● nei suffissi dei termini medici in -**osi**:

  artròsi, tubercolòsi

● nei suffissi in -**otto**, -**ottolo**, -**ozzo**, -**ozza**:

  *chinòtto, paperòttolo, collòttola, bacaròzzo, tinòz-
  za*

La **vocale** *o* si pronuncia **chiusa**, quindi si indica con
l'accento acuto, nei seguenti casi:

● nei suffissi -**ognolo**, -**oio**, -**ondo**, -**onda**, -**one**, -**onte**,
-**onzolo**, -**ore**, -**oso**, -**osa**:

  *giallógnolo, scorsóio, profóndo, anacónda, persó-
  ne, imprónte, frónzolo, amóre, succóso, afósa.*

LA VOCALE "E"

La **vocale** *e* si pronuncia **aperta** nei seguenti casi:

● nel dittongo **ie**:

> *tiène, viène, Sièna*

● nei nomi tronchi di origine straniera che terminano con **e**:

> *caffè, tè, canapè, gilè, lacchè*

● nei numeri *sèi*, *sètte* e tutti i loro derivati (*trentasèi* ecc.)

● nelle parole che terminano per consonante:

> *Nègus*

● quando la vocale **e** è seguita da un'altra vocale:

> *trincèa, idèa, panacèa*

● nelle desinenze -**ètti**, -**ètte**, -**èttero**, -**rèi**, -**rèbbero**,
-**èma** -**èndo**, -**èndine**, -**èzio**, -**èzia**, -**ènnio**, -**ènte**, -**ènse**,
-**ènza**, -**èstre**, -**èvolo**, -**èsimo**, -**èllo**, -**èno**, -**èrrimo**, -**ènne**:

> *dètti, corrètte, sedèttero, vorrèi, mangerèbbero,
> eczèma, volèndo, tèndine, scrèzio, inèzia, millènnio,
> perdènte, forènse, violènza, pedèstre, benèvolo, mil-
> lèsimo, cancèllo, madrilèno, acèrrimo, ventènne.*

Attenzione: poiché molti sbagliano la pronuncia dei
verbi *venire* e *tenere* e derivati, tenere presente che al
passato remoto questi due verbi, anche se hanno la desi-

nenza in **-enne**, **-enni**, vogliono la pronuncia della *e* stretta, di conseguenza si dirà:

divénne, vénni, ténni.

La **vocale** *e* si pronuncia **chiusa** nei seguenti casi:

● nei suffissi **-éccio**, **-éccia**, **-éggio**, **-éggia** **-éfice**, -**ménte**, **-ménto**:

casaréccio, corteccia, postéggio, puleggia, artéfice, amabilménte, comandaménto

● nelle desinenze del passato remoto **-éi**, **-ésti**, **-émmo**, **-éste**, **-érono**:

perdéi, bevésti, volémmo, facéste, perdérono

● nelle desinenze del futuro **-rémo**, **-réte**:

farémo, sapréte

● nella desinenza **-ére** dell'infinito dei verbi della seconda coniugazione:

vedére, rimanére, godére

● nei suffissi **-ésco**, **-ése**, **-ésimo**:

pazzésco, palestinése, milanése, feudalésimo

N.B. I numeri ordinali che terminano in **-èsimo** hanno la pronuncia aperta (*trentèsimo, dodicèsimo* ecc.)

● nella terminazione **-éssa**:

badéssa, contéssa

● nelle desinenze dell'imperfetto congiuntivo **-éssi**, -**ésse**, **-éssimo**, **-éssero**:

avéssi, mordésse, bevéssimo, voléssero

● nei suffissi -**éto**, -**éte**, -**éta**:

    olivéto, abéte, sugheréta

● nel suffisso di diminutivi e collettivi -**étto**:

    pezzétto, sestétto

● nel suffisso -**évole**:

    amichévole

● nelle desinenze dell'imperfetto indicativo -**évo**, -**évi**, -**éva**, -**évano**:

    dovévo, bevévi, sedéva, credévano

● nel suffisso -**ézza**:

    bellézza, fanciullézza

PAROLE CHE POSSONE ESSERE LETTE CON LE VOCALI "O" ED "E" SIA APERTE SIA CHIUSE

accóppo (verbo)	accòppo
Ampézzo	Ampèzzo
aréngo	arèngo
cétra	cètra
cómplice	còmplice
cóppa (vaso; salume)	còppa
flaménco	flamènco
fólla	fòlla
gónna	gònna
grémbo	grèmbo
icóna	icòna
léttera	lèttera
Orviéto	Orvièto
rógo	rògo
sbilénco	sbilènco
schiétto	schiètto
Tósca	Tòsca
tósco (toscano)	tòsco

OMOGRAFI

PAROLE CON IDENTICA GRAFIA MA CON PRONUNCIA
(DELLE VOCALI "O" ED "E") E SIGNIFICATO DIVERSI

accétta	scure	**accètta**	da *accettare*
affétto	da *affettare*	**affètto**	colpito
aréna	sabbia	**arèna**	anfiteatro
bótte	recipiente	**bòtte**	percosse
crédo	da *credere*	**crèdo**	il credo
créta	argilla	**Crèta**	isola di Crèta
colléga	da *collegare*	**collèga**	compagno di lavoro
cólto	istruito	**còlto**	da *cogliere*
córso	da *correre*	**còrso**	della Corsica
corrésse	da *correre*	**corrèsse**	da *correggere*
détte	da *dire*	**dètte**	da *dare*
dótto	canale	**dòtto**	erudito
ésca	cibo	**èsca**	da *uscire*
ésse	pronome	**èsse**	lettera alfabetica
fóro	buco	**fòro**	tribunale
fósse	da *essere*	**fòsse**	buche
impósta	da *imporre*	**impòsta**	elemento della finestra
légge	norma	**lègge**	da *leggere*
ménto	bazza	**mènto**	da *mentire*
mésto	da *mestare*	**mèsto**	triste
mésse	funzioni religiose	**mèsse**	raccolto
mézzo	vizzo	**mèzzo**	metà
mózzo	mozzato o ragazzo di bordo	**mòzzo**	pezzo di ruota
néi	preposizione	**nèi**	macchie
pésca	da *pescare*	**pèsca**	frutto

péste	tracce	**pèste**	malattia
pórci	da *porre*	**pòrci**	maiali
póse	da *posare*	**pòse**	atteggiamenti
pósta	da *porre*	**pòsta**	servizio postale
provétta	tubetto	**provètta**	esperta
ré	regnante	**rè**	nota
rócca	conocchia	**ròcca**	fortezza
rósa	da *rodere*	**ròsa**	fiore
scópo	da *scopare*	**scòpo**	fine
scórsi	da *scorrere*	**scòrsi**	da *scorgere*
sórta	da *sorgere*	**sòrta**	specie
té	pronome	**tè**	bevanda
téma	da *temere*	**tèma**	argomento
tócco	da *toccare*	**tòcco**	pezzo
tórta	dolce	**tòrta**	da *torcere*
tórre	edificio	**tòrre**	da *togliere*
vénti	numerale	**vènti**	brezze
vólgo	plèbe	**vòlgo**	da *volgere*
vólto	viso	**vòlto**	da *volgere*

N.B. Gli accenti acuti e gravi hanno, in questo caso, sia la funzione di accento tonico sia quella di indicare la pronuncia aperta o chiusa. Ricordiamo che sarebbe grave errore, nella scrittura normale, accentare i monosillabi *re* (nei due significati indicati) e *te* (pronome), mentre è corretta la grafia *tè* (bevanda).

OMOGRAFI

PAROLE CON IDENTICA GRAFIA MA CON ACCENTO TONICO
E SIGNIFICATO DIVERSI

àbitino	da *abitare*	**abitìno**	da *abito*
affàscino	da *affascinare* (attrarre)	**affascìno**	da *affascinare* (far fascine)
àltero	da *alterare*	**altèro**	superbo
àmbito	circùito	**ambìto**	da *ambire*
àncora	ormeggio	**ancóra**	avverbio
àrbitri	pl. di *àrbitro*	**arbìtri**	pl. di *arbitrio*
àrista	schiena del maiale	**arìsta**	spiga del grano
armeggìo	lavorìo	**arméggio**	da *armeggiare*
àuguri	pl. di *àugure*	**augùri**	pl. di *augurio*
àuspici	pl. di *àuspice*	**auspìci**	pl. di *auspicio*
bàcino	da *baciare*	**bacìno**	ossa del bacìno
balìa	potere	**bàlia**	nutrice
benèfici	che fanno del bene	**benefìci**	pl. di *beneficio*
bùchino	da *bucare*	**buchìno**	piccolo buco
càpitano	da *capitare*	**capitàno**	comandante
circùito	cerchia, cinta	**circuìto**	da *circuire*
colonìa	contratto agricolo	**colònia**	gente, paese
cómpito	incarico, dovere	**compìto**	da *compire*
cùpido	bramoso	**Cupìdo**	dio dell'amore
dècade	serie di dieci elementi	**decàde**	da *decadere*
desìderi	da *desiderare*	**desidèri**	pl. di *desiderio*
déstino	da *destare*	**destìno**	da *destinare*
diménticati	da *dimenticare*	**dimenticàti**	scordati
esàmino	da *esaminare*	**esamìno**	piccolo esame
frùstino	da *frustare*	**frustìno**	frusta

gorgheggìo	serie di gorgheggi	**gorghéggio**	da *gorgheggiare*
gorgoglìo	ribollimento	**gorgóglio**	da *gorgogliare*
ìmpari	disuguale	**impàri**	da *imparare*
ìndice	dito, elenco	**indìce**	da *indire*
ìntimo	familiare, interno	**intìmo**	da *intimare*
intùito	sesto senso	**intuìto**	da *intuire*
lèggere	dare lettura	**leggère**	lievi
malèfici	maligni	**malefìci**	pl. di *maleficio*
màrtiri	pl. di *martire*	**martìri**	pl. di *martirio*
mèndico	da mendicare	**mendìco**	mendicante
móndano	da *mondare*	**mondàno**	del mondo, frivolo
nèttare	succo	**nettàre**	pulire
nòcciolo	parte di un frutto	**nocciòlo**	pianta
òccupati	da *occuparsi*	**occupàti**	impegnati
òmero	spalla	**Omèro**	poeta greco
ovvìo	da *ovviare*	**òvvio**	evidente
pàgano	da *pagare*	**pagàno**	barbaro
pànico	paura	**panìco**	pianta
pàttino	da *pattinare*	**pattìno**	imbarcazione
pèrito	da *peritarsi*	**perìto**	esperto
pìcciolo	piccolo	**picciòlo**	gambo dei frutti
prèdico	da *predicare*	**predìco**	da *predire*
prèsidi	pl. di *preside*	**presìdi**	pl.di *presidio*
prìncipi	pl. di *principe*	**princìpi**	pl. di *principio*
pùntino	da *puntare*	**puntìno**	piccolo punto
rasségnati	da *rassegnarsi*	**rassegnàti**	persuasi
regìa	direzione artistica	**règia**	reale
rètina	membrana dell'occhio	**retìna**	piccola rete
ricòrdati	da *ricordarsi*	**ricordàti**	da *ricordare*
rùbino	da *rubare*	**rubìno**	pietra preziosa
séguito	da *seguitare*	**seguìto**	da *seguire*

sémino	da *seminare*	**semìno**	piccolo seme
Sofìa	nome di donna	**Sòfia**	città
Spàlato	città	**spalàto**	da *spalare*
spìano	da *spiare*	**spiàno**	da *spianare*
sùbito	adesso	**subìto**	da *subire*
tèmperino	da *temperare*	**temperìno**	temperamatite
tèndine	nervo	**tendìne**	piccole tende
tènere	morbide	**tenére**	prendere, avere
tèrmite	insetto	**termìte**	miscela metallica
tùrbine	uragano	**turbìne**	pl. di *turbina*
vìola	da *violare*	**viòla**	colore
vìolino	da *violare*	**violìno**	strumento musicale
vìsciola	frutto	**Visciòla**	cognome *
vitùperi	da *vituperare*	**vitupèri**	pl. di *vituperio*
vólano	da *volare*	**volàno**	gioco

* Molti cognomi, come in questo caso, sono omografi di nomi di cose, animali e altro, ma vengono spesso pronunciati con diverso accento.

LE CONSONANTI

Tutte le consonanti dell'alfabeto possono essere pronunciate in modo errato. I difetti di pronuncia vengono definiti con il termine di *dislalie*.
Le più frequenti nel parlato comune riguardano la *s* e la *z*, che entrambe possono essere *sorde* o *sonore*.
Alcune persone non riescono a pronunciare bene la *r*.
Per quanto riguarda questa consonante i due difetti più diffusi sono:

r uvulare, che non è altro che la cosiddetta *r francese*;

r alveolare (detta anche *r moscia*), quando è pronunciata senza vibrazione o con poca vibrazione;

r blesa, viene chiamata così quando è pronunciata con la lingua tra i denti.

Per quanto riguarda la **s** viene definita **salata** quando è pronunciata quasi come una *sc*, come si usa in Emilia.
Per correggere questi difetti è necessario ricorrere all'aiuto di un logopedista.

LA CONSONANTE "S"

La consonante *s* può essere *sorda* o *sonora*; il simbolo della *s sonora* nell'alfabeto fonetico (*vedi* pag. 42) è questo: ṣ.

La **consonante** *s* è **sonora** nei seguenti casi:

● a inizio di parola quando è seguita dalle consonanti **b, d, g, l, m, n, r, v**:

> ṣbaglio, ṣdolcinato, ṣgarbo, ṣlavato, ṣmerciare, ṣnaturato, ṣrotolare, ṣvolazzo

● quando si trova tra due vocali. Questa è una convenzione per semplificare le differenze fra la pronuncia toscana e quella romana:

> uṣo, spoṣo, preciṣo

● quando è intervocalica, finale di prefisso:

> traṣandato, biṣunto, triṣavolo

● nelle desinenze **-iṣi, -iṣe, -iṣo, -iṣero** del passato remoto e participio passato dei verbi:

> promiṣi, diviṣe, eliṣo, ucciṣero

● nelle desinenze **-uṣi, -uṣo, -uṣe, -uṣero** del passato remoto e participio passato:

> infuṣi, confuṣo, deluṣe, escluṣero

● nelle finali in -asi, -ase, -asero, -osi, -aso, -isi, -esi o nelle desinenze del passato remoto e del participio passato:

> stasi, invase, persuasero, metempsicosi, abraso, dialisi, paresi

● nel suffisso -esimo dei numeri ordinali:

> ottantesimo

● nel suffisso -esimo di sostantivi astratti:

> urbanesimo, incantesimo, cristianesimo

● quando intervocalica fa parte del radicale di una parola:

> bisogno, medesimo, poesia, presentare, frase, musica.

La **consonante** s è **sorda** nei seguenti casi:

● a inizio di parola quando è seguita da vocale:

> sole, salire

● quando è preceduta da una consonante:

> rapsodia, abside, intenso, verso, psicosi

● nelle parole composte:

> toccasana, caposervizio, sottosuolo

● nelle terminazioni in -ese soprattutto di nomi etnici:

> malese, cinese (eccezioni: marchese, borghese)

● nei participi passati e nei passati remoti in -eso, -esi, -ese, -esero:

> offeso, presi, propose, attesero

● in **-oso**, **-osa** quando suffisso di aggettivi e sostantivi:

   curioso, ventosa

● nei participi passati e passati remoti in **-oso**, **-ose**, **-osero**, **-osi**:

   roso, propose, risposero, corrosi

● nelle parole **casa, cosa, così, raso, mese, naso, peso, chiesi, chiusi, risi, Pisa, rasi**;

● quando nel corso della parola è doppia:

   cassa

● all'inizio o nel corpo della parola, quando è seguita da **c, f, p, q, t**:

   scala, sfogo, spilla, squallido, stagione

● quando è iniziale di secondo componente:

   trentasei, disotto, preside

LA CONSONANTE "Z"

Anche la consonante *z* può essere *sorda* o *sonora*; il simbolo della *z sonora* nell'alfabeto fonetico (*vedi* pag. 42) è questo: *ẓ*.

La **consonante z** è **sorda** nei seguenti casi:

● nei suffissi in -**anza**, -**azzare**, -**enza**, -**ezza**, -**ozza**, -**ozzo**, -**onzolo** (quando è suffisso di sostantivi), -**uzzo**, -**uzza**:

> *speranza, spiegazzare, assenza, grandezza, carrozza, bacherozzo, raperonzolo, peluzzo, pagliuzza*

● a inizio di parola se la seconda sillaba inizia con consonante sorda cioè **c**, **f**, **p**, **t**:

> *zoccolo, zaffata, zappa, zitto*

● quando è preceduta dalla consonante **l**:

> *calzare, filza, alzare*

● quando è seguita dai gruppi **ia**, **ie**, **io**:

> *agenzia, spezie, Lazio.*

La **consonante z** è **sonora** nei seguenti casi:

● a inizio di parola quando è seguita da due vocali:

> *ẓuavo, ẓaino*

● a inizio di parola quando la seconda sillaba inizia per **z**:

> es.: *zanzariera, zizzania.*

● a inizio di parola quando la seconda sillaba inizia con consonante sonora, cioè con **b, d, g, l, m, n, r, v**:

> *zibibbo, zodiaco, zagara, zelante, Zama, Zenobio, zerbino, zavorra*

● quando si trova in mezzo a due vocali semplici e non è raddoppiata:

> *azalea, bizantino*

● nelle finali in **-izzare** suffisso di verbi e derivati:

> *organizzare, sonorizzare, civilizzare, civilizzatore, civilizzazione.*

PAROLE CHE POSSONO ESSERE LETTE SIA CON LA "Z" SORDA SIA CON LA "Z" SONORA

Avezzano	Avezzano
Bolzano	Bolzano
Catanzaro	Catanzaro
lazzo	lazzo
melanzana	melanzana
sbronza	sbronza
scorza	scorza
Venezuela	Venezuela
zana	zana
zangola	zangola
zattera	zattera
zimbello	zimbello
zinco	zinco
zincone	zincone
zingara	zingara
Zingarelli	Zingarelli
zitella	zitella
zolla	zolla

ERRORI PIÙ COMUNI
DI PRONUNCIA DI PAROLE
CON LA "Z"

Ecco qui di seguito la pronuncia esatta di parole con la *z* che comunemente vengono pronunciate in modo errato. Per evitare confusione, indichiamo soltanto la pronuncia esatta:

Amazzonia	(sonora)
aguzzino	(sonora)
brezza	(sonora)
lapislazzuli	(sorda)
lonza	(sorda)
Monza	(sorda)
nazismo	(sorda)
pranzo	(sonora)
razza (stirpe)	(sorda)
razza (pesce)	(sonora)
ribrezzo	(sonora)
zaffiro	(sonora)
zampogna	(sorda)
zar	(sorda)
zio	(sorda)
zoccolo	(sorda)
zolfo	(sorda)
zucchero	(sorda)

LE SIGLE

Di fronte a una sigla si può avere l'incertezza sul modo in cui va letta: le sigle sono formate dalle iniziali di più parole che possono essere intervallate da un punto oppure scritte una dietro l'altra.

Se la sigla è formata da lettere che permettono la costruzione di un suono unico, come per esempio *ENEL*, allora va letta come se fosse una parola, quando questo non è possibile si deve leggere una lettera alla volta: così *PDS* si leggerà *pi di esse*.

Per quanto riguarda le sigle che terminano con la lettera *c*, se conosciamo il significato della parola che la lettera rappresenta, la *c* va letta come pronunceremmo la parola se fosse intera.

Prendiamo per esempio la sigla *MEC*: la lettera *c* sta per *Comune*, quindi dobbiamo leggere con il suono della *c* dura.

Per non fare confusioni e per semplificare le cose quando non si conosce l'esatto significato dell'abbreviazione, che può essere anche in lingua straniera, si preferisce sempre pronunciare la *c finale* dura.

LE PAROLE STRANIERE

Moltissime parole straniere sono entrate a far parte della lingua italiana, scritta e parlata; molte di esse sono state italianizzate, come *valzer*, *zar*, *gilè*, mentre altre mantengono la loro integrità linguistica (*show*, *check up*).
Regola generale è che i nomi di origine straniera che terminano per consonante sono invariabili nel plurale.
Si dirà quindi:

*Sono stati segnati due **goal*** (non goals);

*Ci sono **sport** molto duri* (non sports);

*Abbiamo fatto dieci **test*** (non tests);

*Ho visto tre **film*** (non films);

*Siamo passati sotto quattro **tunnel*** (non tunnels).

L'ALFABETO FONETICO

Nei dizionari, accanto alla parola e al suo significato, è riportata anche la pronuncia, la cui grafia si avvale di alcuni segni convenzionali che si rifanno all'alfabeto fonetico; imparando l'equivalente del segno grafico si potrà leggere correttamente qualsiasi suono, anche in una lingua straniera (*vedi* alle pagine seguenti).

Per esempio, la pronuncia della parola inglese *church* è 'čœč', e non sbaglieremo perché abbiamo imparato che la *c* scritta in quel modo (č) è la *c* di *cena* e che la œ ha un suono neutro, tra *o* ed *e*.

Ecco un altro esempio: nella parola italiana *presidente*, non sappiamo se la *s* deve essere pronunciata sorda (come nella parola *sedia*) o sonora (come nella parola *musica*). Guardando la trascrizione fonetica troveremo scritto 'presidente' con la *s* sorda e non avremo più dubbi. La conoscenza dell'alfabeto fonetico è fondamentale per tutti coloro che non vogliono avere dubbi e che soprattutto di fronte a parole straniere cercano di avvicinarsi il più possibile alla pronuncia esatta.

L'**Alfabeto Fonetico Internazionale** (IPA), che riproduciamo integralmente nelle pagine seguenti, è stato studiato appositamente per trascrivere con precisione ogni suono della lingua inglese, la più ricca di sfumature. Ma è di difficile comprensione per i non addetti ai lavori, perché ricorre a numerosi simboli speciali, e non è usato abitualmente per le altre lingue.

Perciò, nel *Piccolo dizionario delle parole straniere di uso più comune* che conclude il nostro manualetto si è deciso di usare una trascrizione fonetica che riesca di facile comprensione per il lettore e lo aiuti ad avvicinarsi il più possibile alla pronuncia originale.

Certo, è difficile rendere graficamente alcuni suoni tipici delle diverse lingue, come il *th* inglese o le vocali nasali francesi, solo per fare qualche esempio. E c'è in realtà una pur lieve differenza tra il suono inglese trascritto ǝ: nell'IPA e quello dell'*eu* francese, che qui sono resi entrambi con œ (un suono intermedio tra la *e* e la *o* italiane), oppure tra le *r* francese, tedesca e spagnola.

Ma l'importante per farsi capire è pronunciare con gli accenti e i suoni corretti: le sfumature si impareranno dalla viva voce delle persone di madrelingua.

Ecco l'elenco delle lettere usate nella nostra **trascrizione fonetica** per rappresentare i suoni speciali:

● **vocali:**

é	*e* chiusa (*sera*)
è	*e* aperta (*certo*)
ó	*o* chiusa (*conto*)
ò	*o* aperta (*colla*)
œ	tra *o* ed *e* (francese *fleur*)
æ	tra *a* ed *e* (inglese *cat*)
ǝ	*e* muta (francese *petit*)
y	tra *u* e *i* (francese *lune*)
àa	*a* lunga (inglese *party*)
óu	*o* lunga (inglese *boat*)
ùu	*u* lunga (inglese *food*)
ìi	*i* lunga (inglese *free*)
ã, ẽ, õ	vocali nasali francesi (rispettivamente come nelle parole francesi *en*clave, re*frain*, papil*lon*).

● **consonanti:**

č	*c* dolce (*cena*)
k	*c* dura (*cosa*)
ð	*d* spirante (inglese *there*)
h	*h* aspirata (inglese *hat*)
ǧ	*g* dolce (*gente*)
ġ	*g* dura (*gatto*)
j	*g* aspirata (francese *jour*)
gn, gl	come in *segno* e *figlio*
s	*s* sorda (*sale*)
ṣ	*s* sonora (*rosa*)
š	*sc* di *scena*
θ	*th* spirante (inglese *thriller*)
z	*z* sorda (*azione*)
ẓ	*z* sonora (*zaino*)

L'ALFABETO FONETICO INTERNAZIONALE

● **vocali:**

a:	*a* lunga
æ	*e* molto aperta
e	*e* stretta
i	*i* brevissima
i:	*i* lunga
ɔ	*o* molto aperta e breve
:ɔ	*o* lunga
o	*o* chiusa
u	*u* breve
u:	*u* lunga
ə	suono indistinto tra la *e*, la *a* e la *o*
ə:	corrisponde al suono tedesco *oe* (*Goethe*), seguito da una *r* appena percettibile
ʌ	*a* brevissima tendente a *o*

● dittonghi:

ei	come in *sei*
ou	*o* chiusa seguita da una *u* appena accennata
ai	come in *mai*
au	come in *Mauro*
ɔi	come in *tuoi*
oi	come in *tuoi*
ui	come in *cui*
ɛə	ha un suono equivalente a *ea*
iə	ha un suono equivalente a *ia*
ɔə	quasi una *o* prolungata
uə	quasi una *u* prolungata

● consonanti:

g	*g* dura (*gatto*)
ŋ̩	*g* dura, finale, appena accennata
θ	*th* inglese
ð	è come il suono θ ma più sonoro
ʃ	*sc* come in *scena*
ʒ	*s* di *rosa*, ma più sonora
j	equivalente al suono della i, ma pronunciata con enfasi
tʃ	*c* dolce (*certo*)
dʒ	*g* dolce (*gelo*)

L'INCISO

Nel corso della frase, l'*inciso* si riconosce perché solitamente è racchiuso tra due virgole; si tratta di una parola o di una proposizione, che esprime un'osservazione, oppure aggiunge un chiarimento o una descrizione.

Durante la lettura, anche se si è portati a rispettare le virgole che racchiudono l'inciso, la pausa tra la frase principale e l'inciso stesso non dovrebbe creare troppo distacco; questo si deve realizzare invece con l'abbassamento del tono della voce:

> *Si volse di scatto e, raccogliendo la borsa che le era caduta, si diresse verso la porta.*

Il tono della voce deve risalire sull'ultima parola dell'inciso in modo da ricollegarsi perfettamente al resto della frase, in questo modo:

> *Si volse di scatto e,*
> > *(raccogliendo la borsa che le era caduta)*
> *si diresse verso la porta.*

Ancora un esempio con un inciso nell'inciso:

> *Si volse di scatto e,*
> > *[raccogliendo la borsa che le era caduta,*
> > > *(e nella quale teneva le chiavi,)]*
> *si diresse verso la porta.*

Come abbiamo detto, solitamente, nella scrittura, l'inciso è introdotto da una virgola, la quale tuttavia nella lettura non dovrebbe essere troppo evidenziata, per legare meglio la frase principale all'inciso:

Si volse di scatto e, raccogliendo la borsa ecc.

si legge così:

Si volse di scatto/ e raccogliendo la borsa ecc.

Se il periodo inizia con un inciso, è bene riuscire a individuare subito il soggetto e legarlo, nella lettura, al verbo e al complemento:

Quando poi si diede a eseguire planate con atterraggio a zampe retratte anche sulla spiaggia e a misurare quindi, coi suoi passi, la lunghezza di ogni planata i suoi genitori si mostrarono molto ma molto sconsolati.

IL "BIRIGNAO"

Il *birignao* è una parola onomatopeica che sta a indicare una "dizione teatrale viziata da eccessiva coloritura (pronuncia nasale e finali prolungate)". Questa è la definizione, più difficile è spiegarla, anche perché la recitazione di oggi si è sfrondata di quelle appoggiature e svolazzi che possiamo ancora gustare nel doppiaggio di vecchi film.

Comunque il birignao si è aggiornato e non ne sono esenti neppure giornalisti e speaker, che lo eseguono senza rendersene conto. Molti nella lettura fanno delle legature assolutamente inesistenti, oppure calcano terribilmente la lettera *r*, per esempio non dicono:

La prima volta che si sono visti,

ma pronunceranno così:

*La p**rr**ima volta che* ecc.

Altro esempio:

Il discorso del Presidente della Repubblica

diventa così:

*Il-**la** discorso **del-la** Presidente della Repubblica.*

L'esitazione e l'appoggiatura su *il* e *del* creano l'aggiunta dell'articolo *la* inesistente. Questo è il birignao.

Altro esempio:

Le ciliegie sono mature e le camicie stirate.

Se si legge come è scritto, calcando ed evidenziando il dittongo *ie*, si legge con il birignao. La lettura corretta è senza far sentire la *i*. Sostanzialmente ogni parola deve essere pronunciata senza pause di allungamento, senza vocali o consonanti inesistenti.

Ultimo esempio:

La condizione migliore per leggere è a busto eretto.

Con il birignao viene così:

La-a *condizione migliore per leggere è* **a-a** *busto eretto.*

PULIZIA DELLA LETTURA

Chi fa di mestiere lo speaker o il doppiatore sa perfettamente che cosa significhi *lettura sporca*: si tratta di quella "non chiarezza" nella pronuncia delle consonanti o di quelle legature che tendono a impastare la lettura. Non è facile essere puliti; ci sono splendidi doppiatori che hanno fatto la loro fortuna proprio sulle "sporcature" che rendono molto naturale la recitazione. Spesso le sporcature nascono dall'indecisione: vediamo una parola e non sappiamo esattamente come pronunciarla, oppure abbiamo difficoltà con gruppi di lettere come *lr* o *gl* e scivoliamo sulla parola pasticciandola.

Per essere puliti nella lettura, bisogna pronunciare esattamente e chiaramente vocale per vocale, consonante per consonante, sillaba per sillaba, per evitare che un singolare diventi plurale o che una *l* diventi *gl*. Un buon esercizio è quello di ripetere a voce alta le lettere dell'alfabeto pausandole e sostenendole con la stessa intensità di voce e con lo stesso tono:

$$a - b - c - d - e - f - g - h \text{ ecc.}$$

dove il trattino corrisponde al conto mentale di *uno*.

Ci si può esercitare leggendo un brano così sillabato:

Il pri-mo - me-zzo - di - co-mu-ni-ca-zi-o-ne - è - la - vo-ce.

Questi due esercizi aiutano a non smorzare la voce in finale di parola. La vocale dell'ultima parola deve essere pronunciata con la stessa intensità di quelle iniziali. Infine è fondamentale porgere quello che si legge nella maniera più colloquiale possibile e facendo intendere a chi ci ascolta che noi per primi abbiamo capito quello che stiamo leggendo. Chiarezza, sicurezza e pulizia.

Per esperienza posso suggerirvi che una buona lettura si esegue a stomaco vuoto, quando l'organismo non è impegnato nella digestione che modifica la salivazione della bocca e che quindi incide sulla pulizia della lettura.

INTERROGAZIONE
ED ESCLAMAZIONE

Le grammatiche definiscono il **punto interrogativo** come quel segno grafico che indica il tono ascendente della voce, tipico delle frasi che esprimono una domanda diretta:

Come stai?

Che cosa volete fare?

Ma il punto interrogativo lo possiamo anche trovare nel discorso indiretto, e nel leggere deve essere evidenziato in modo tale che alla fine della frase non resti uno svolazzo sonoro, estremamente brutto e tra l'altro insostenibile quando la frase interrogativa è lunga e ricca di incisi:

Cosa ci fa una pistola sotto il gilè di una persona che accaldata si aggira per Portorotondo tenendo per mano il figlioletto?

Se si rispetta la grafia, il punto interrogativo pronunciato alla fine ci porta in salita l'intera frase, obbligandoci a un'intonazione tutta tirata, senza possibilità di variazioni di tono e di modulazione.

Suggerisco di leggere come se il punto interrogativo fosse alla fine della frase *Cosa ci fa?* e leggere il resto fino alla fine chiudendo con il punto. La frase viene così:

Cosa ci fa ? una pistola sotto il gilè di una persona che accaldata si aggira per Portorotondo tenendo per mano il figlioletto.

Per quanto riguarda l'**esclamazione**, che viene indicata con il segno grafico "!", posso solo dire che ha una curva melodica in basso:

    Che bella che sei!

diventa:

    Che
         bella
               che
                   sei!

Mentre l'interrogazione ha la curva melodica in alto:

    Davvero ti sposi?

diventa:

                 sposi?
        ti
    Davvero

IL RADDOPPIAMENTO
SINTATTICO

Si dice *raddoppiamento sintattico* il rafforzamento di una consonante iniziale di parola quando è preceduta da una parola che finisce per vocale.
Questa regola di pronuncia è naturale in quasi tutta l'Italia centro-meridionale, sconosciuta nel settentrione dove invece si tende a sdoppiare le consonanti:

> *Io vado a Milano - Io vado a **Mm**ilano.*

Come si vede il raddoppiamento fa pronunciare due *m*.

Il raddoppiamento deve essere eseguito:

● quando la parola che precede quella che inizia per consonante è una parola tronca:

> *Farà bene - Farà **bb**ène*
> *Perché parli? - Perché **pp**arli?*

● quando la parola che precede quella che inizia per consonante è un monosillabo con accento tonico:

> *ho preso - ho **pp**reso*
> *è vero - è **vv**ero*

● quando la parola che inizia per consonante è preceduta da alcuni monosillabi come per esempio: **a**, **e**, **o**, **se**, **che**, **chi**, **tra**, **fra**, **da**:

> *a volte – a **vv**olte; e poi – e **pp**oi; o bella – o **bb**ella;*

*se pensi – se **pp**ensi; che dici -- che **dd**ici; chi parla – chi **pp**arla; tra noi – tra **nn**oi; fra poco – fra **pp**oco; da marzo - da **mm**arzo*

● quando è preceduta da monosillabi accentati: **già**, **giù**, **là**, **può**, **più**:

*già fatto – già **ff**atto; giù sotto – giù **ss**otto; là sopra – là **ss**opra; può fare – può **ff**are; più piano – più **pp**iano*

● quando è preceduta da bisillabi piani,come **ove**, **qualche**, **sopra**, **contra**, **infra**:

*come va? - come **vv**a?; ove sogna – ove **ss**ogna; qualche volta - qualche **vv**olta; sopra tutto – sopra **tt**utto; contra noi – contra **nn**oi; infra dito – infra **dd**ito.*

Errore molto diffuso, soprattutto a Roma, è di raddoppiare con *ogni*:

ogni tanto (corretto) - *ogni **tt**anto* (sbagliato).

C'è un altro tipo di raddoppiamento, che non rientra in quello sintattico (riguardante solo le consonanti iniziali di parola), ma che è tipico nei dialetti meridionali e anche di quello romano; è il raddoppiamento di consonanti all'interno di parole che ne prevedono una sola, aggiungendo così un suono non rappresentato graficamente. In questo modo *Fabio* diventa Fabbio, *compatibile* diventa compatibbile, *rosa* diventa rossa, ecc.
Il suono deve essere l'espressione vocale di quanto è scritto: è necessario quindi esercitarsi a guardare bene le parole che si devono leggere e non limitarsi a riconoscerle con un'occhiata frettolosa.

È forse utile anche ricordare la regola grammaticale che ci viene in aiuto nei casi sotto elencati:

● la *s sonora* non raddoppia mai; quindi si scriverà e leggerà:

   roṣa, viṣo, eṣame

● la *b* non raddoppia mai davanti a -**ile** e -**abile**; quindi si scriverà e leggerà:

   amabile, automobile

● la *g* e la *z* non raddoppiano mai davanti a -**ione**; quindi si scriverà e leggerà:

   ragione, razione.

LA CHIUSURA

Uno dei problemi maggiori che incontra chi legge è quello di chiudere bene la frase con un'intonazione che deve essere conclusiva ma non cantilenante, decisa e non calante. Come si fa? Si individua la parola immediatamente precedente la fine della frase, che ci consenta di fare come un "salto" con la voce e quindi di portare l'intonazione in alto e di ricadere perfettamente, come quando si esegue un salto in alto battendo sulla pedana:

> *E scoprì la gran volta, la vite orizzontale, la virata imperiale, la scampanata,*
>
> > *la gran volta rovescia.*

La scampanata va letta con l'intonazione in alto, così da ricadere con il tono su *la gran volta rovescia* e chiudere.

Altro esempio:

> *Man mano che i giorni passavano sempre più di frequente capitava a Jonathan di ripensare alla terra*
>
> > *donde era venuto.*

COME SI LEGGE

C'è una grandissima differenza tra la lettura fatta con gli occhi e quella a voce alta.

La lettura con gli occhi è più veloce e anche se imprime nella mente l'emozione che il testo vuole trasmettere, per l'assenza di suoni si perde la melodia che la lettura a voce alta produce. La lettura a voce alta se ben eseguita, ben pausata, ben interpretata, può sviluppare una musicalità paragonabile al suono di una grande orchestra. Le variazioni di ritmo, l'intensità, le vibrazioni che riusciamo ad imprimere alla lettura possono trasformarsi in una bellissima melodia o, al contrario, in una noiosa e monotona successione di parole.

LE PAUSE

Importantissime nella lettura sono le *pause*, che devono dare il tempo a chi ascolta di recepire e comprendere quanto è stato letto: nella lettura ognuno ha il proprio ritmo, ma ci sono pause che devono essere assolutamente rispettate, come il punto che separa una frase dall'altra e spesso un argomento dall'altro.

Di regola si cerca di prendere il fiato approfittando proprio della pausa, ma questa operazione dovrebbe avvenire silenziosamente, senza far sentire il rumore dell'aria che viene inspirata.

Dopo il punto, il punto interrogativo e quello esclamativo la pausa è più lunga di quella che si richiede dopo la virgola o i due punti o il punto e virgola. Spesso la virgola nel corso della lettura può essere ignorata, o aggiunta qualora si richieda una pausa ulteriore.

Le pause negli esercizi di lettura vengono indicate con una barra diagonale (/) che equivale al conto mentale di *uno*. Due barre diagonali (//) indicano una doppia pausa *uno-due*. Due barre sono per il punto, una barra per la virgola.

Facciamo un esempio con un brano tratto dai *Promessi Sposi* di Alessandro Manzoni:

> *Lucia entrò nella stanza terrena* / (uno) *mentre Renzo stava angosciosamente informando Agnese* / (uno) *la quale angosciosamente lo ascoltava* // (uno -due) *Tutti e due si volsero a chi ne sapeva più di loro* / (uno) *e da cui aspettavano uno schiarimento* / (uno) *il quale non poteva che essere doloroso* // (uno - due)

È da notare che le pause corrispondono esattamente alla punteggiatura del Manzoni. Però non tutti gli scrittori hanno adoperato la punteggiatura nel modo più vicino alla pausa naturale del discorso, creando anche nei più abili lettori non poche difficoltà e obbligando a pause aggiuntive oltre a quelle scritte dall'autore.

Vediamo un brano tratto dal romanzo di Giuseppe Berto *Il male oscuro*:

> *Io dunque per quel che posso mi divido in due e nelle ore verso sera che per me tutto sommato sono le migliori anche perché madre e figlia vanno volentieri a vedere i burattini a Villa Borghese, comincio a scrivere il primo capitolo e siccome proprio del tutto senza fatti non è che si possa cominciare ci metto il fatto di loro che si vedono e ci pensano sopra per tutto il resto del capitolo, e del resto è*

appunto questo ciò che accade nella vita o dovreb-
be accadervi se la vita fosse un po' meno sporca di
quanto non sia in effetti all'epoca presente...

In questo brano la punteggiatura è talmente originale che obbliga il lettore a prendere dei fiati lunghissimi e presuppone una grande capacità di modulazione vocale per dare a quanto scritto il senso voluto.
Adesso rileggiamo lo stesso brano con le pause aggiuntive che la logica del discorso permette, ricordando sempre che una barra diagonale è una virgola ed equivale al conto mentale di *uno*.

Io dunque / per quel che posso mi divido in due / e nelle ore verso sera / che per me tutto sommato sono le migliori / anche perché madre e figlia vanno volentieri a vedere i burattini a Villa Borghese / comincio a scrivere il primo capitolo / e siccome proprio del tutto senza fatti non è che si possa cominciare / ci metto il fatto di loro due che si vedono / e ci pensano sopra per tutto il resto del capitolo / e del resto è appunto questo ciò che accade nella vita / o dovrebbe accadervi / se la vita fosse un po' meno sporca di quanto non sia in effetti all'epoca presente //

Proponiamo ora un brano dal romanzo *Oceano mare* di Alessandro Baricco per scoprire con quanta maestria l'autore abbia usato una punteggiatura, che se rispettata, dà il senso di una straordinaria musicalità:

Solo / in mezzo alla spiaggia / Bartleboom guardava // A piedi nudi / i pantaloni arrotolati in su per non bagnarli / un quadernone sotto il braccio e un cappello di lana in testa //
Leggermente chinato in avanti / guardava / per terra //

*Studiava l'esatto punto in cui l'onda / dopo essersi
rotta una decina di metri più indietro / si allungava /
divenuta lago e specchio e macchia d'olio / risalen-
do la delicata china della spiaggia e finalmente si
arrestava / l'estremo bordo orlato da un delicato
perlage / per esitare un attimo e alfine / sconfitta /
tentare una elegante ritirata lasciandosi scivolare
indietro / lungo la via di un ritorno apparentemente
facile / ma / in realtà / preda destinata alla spugno-
sa avidità di quella sabbia che / fin lì imbelle /
improvvisamente si svegliava e / la breve corsa del-
l'acqua in rotta / nel nulla svaporava //
Bartleboom guardava //*

Oltre alle pause, gli altri elementi che contribuiscono a
una buona lettura sono: *tono*, *ritmo*, *volume* e *intensità*.
È la quantità di aria emessa che permette di mantenere il
suono. Non bisogna dimenticare che la voce è il risultato
che si ottiene "suonando" bene le corde vocali.
Quindi è l'aria che adoperiamo per leggere che determi-
nerà la differenza tra una lettura squillante, gridata o sus-
surrata. Alzare la voce ha un significato preciso di
aggressività, scandire le parole e pronunciarle a volume
basso può significare minaccia, sottomissione o tristezza.
Insieme al volume della voce, il tono spiega ancora di
più le nostre emozioni.

IL TONO

Possiamo definire *tono* o colore la rappresentazione sonora
delle intenzioni di chi legge, dell'emozione che si vuole trasmettere attraverso la voce. A seconda dello stato d'animo e
della musicalità del brano si possono ottenere varie sfumature: allegria, tristezza, gioia, enfasi, minaccia, paura ecc.

Sia leggendo sia parlando, i suoni che emettiamo creano un'armonia musicale a volte gradevole e affascinante, altre volte sgradevole per l'acutezza del tono e la monotonia. Nei limiti del possibile dovremmo tentare di cambiare intonazione a ogni inizio di frase, in modo da costruire una sinfonia il più variata possibile.

IL RITMO
È determinato dalle pause e dalla velocità.

Ogni persona ha un suo *ritmo* di lettura, derivante dalla capacità di seguire con gli occhi quanto è scritto e dalla sicurezza di rendere bene quanto si sta leggendo. Non sempre una lettura veloce è indice di sicurezza, anzi, in genere proprio coloro che non hanno pratica di lettura tendono a "correre", per ridurre i tempi di quello sforzo che è tanto più sentito quanto maggiore è l'incapacità di prendere bene i fiati.

Se il fiato è mal distribuito e non è sufficiente per arrivare alla fine del periodo, la lettura risulta stentata e innaturale e la voce strozzata.

Bravo lettore è colui che sa controllare la parola perché ne conosce bene la pronuncia, che riesce a dominarla e "schiacciarla" sul foglio senza che gli sfugga sotto gli occhi, che non si fa condizionare dalla lunghezza.

L'occhio di chi legge con scioltezza dovrebbe anticipare la parola che segue e intuire dal senso della frase, la punteggiatura: una sicurezza che si acquista con costante e prolungato esercizio.

Leggere bene significa rendere perfettamente attraverso la voce le intenzioni di chi ha scritto, con l'intensità, la velocità e il tono giusto per evidenziarne il significato. Ci sono parti di una frase che richiedono un'assoluta calma nella lettura e altre che possono essere ritmate diversamente.

Come nella musica classica ci sono i vari movimenti di una sinfonia: *lento, presto, moderato, allegro* ecc., che indicano il modo in cui va eseguita la musica, così anche per la lettura possiamo ricorrere agli stessi movimenti. È chiaro che un pezzo giornalistico dovrà essere letto con tono impersonale e velocità diversa rispetto a un brano letterario o ad una poesia:

(veloce)
Sarajevo sta vivendo le sue ore più disperate //

(veloce e con un solo fiato)
La popolazione chiusa nei rifugi attende un nuovo attacco da parte della milizia serba //

(veloce - ritmo incalzante)
La capitale della Bosnia è in fiamme // Il centro è quasi completamente distrutto dall'esplosione di granate e razzi terra terra //

(andante)   (andante)
Oltre duemila caduti nelle ultime 48 ore / in quelli che sono

(andante)   (rallentare e chiudere)
stati considerati i bombardamenti più violenti dall'inizio della guerra civile //

(andante)   (andante)
Leggere un libro / per il buon lettore significa conoscere la personalità e la mentalità di uno sconosciuto /

(lento)   (lento)
cercare di comprenderlo / possibilmente riuscire a diventargli amico //   (Hermann Hesse)

63

Giunta la sera / Riposavo sopra l'erba montana /

E presi gusto / A quella brama senza fine /

Grido torbido e alato / Che la luce quando muore trattiene /
(Giuseppe Ungaretti)

Come distinguere ciò che va letto lentamente, o con moto *andante*, da ciò su cui si può imprimere un ritmo più veloce? L'inizio di qualsiasi brano introduttivo deve essere letto con lentezza, per fare in modo che chi ascolta si sintonizzi sull'argomento. Tutto ciò che è descrittivo deve avere un ritmo *andante lento* affinché si possa visualizzare quanto viene detto. Facciamo un esempio dal libro di Richard Bach *Il gabbiano Jonathan Livingston*:

> *Era di primo mattino / e il sole appena sorto / luccicava tremolando sulle scaglie del mare appena increspato //*

Le prime due frasi andrebbero lette lentamente e la terza con un ritmo più andante. Giochiamo su questa frase e vediamo con l'aiuto delle barrette verticali, che come sapete indicano la lunghezza della pausa (/ = conto mentale di *uno*, // = conto mentale di *due*), che cosa può venir fuori, quale altra lettura è possibile:

> *Era di primo mattino e il sole / appena sorto / luccicava / tremolando sulle scaglie del mare / appena increspato //*

> *Era di primo mattino e il sole appena sorto luccicava tremolando sulle scaglie del mare appena increspato.*

Non è un errore, è effettivamente una lettura senza pause che presuppone una linearità e tonalità tutta uguale.

Ho riportato questi esempi per far capire come la lettura sia alla fine, al di là delle regole, una questione di gusto e di inventiva.

Nella frase comunque bisogna individuare immediatamente quale è il soggetto e quali sono il verbo e i complementi; il soggetto va sempre legato al verbo nell'intonazione anche se graficamente è scritto distante:

> **Il ragazzo**, *nonostante la grande volontà e gli sforzi che lui e i suoi compagni avevano tentato per amalgamarsi,* **si sentiva estraneo in mezzo a loro**.

IL VOLUME

Il *volume* è dato dall'ampiezza dell'onda sonora prodotta nell'emettere suoni; ancora più semplicemente, la quantità di fiato con cui abbiamo letto. Tanto più fiato spenderemo, tanto più ampio sarà il volume. È chiaro che una lettura intima, raccolta, richiede un'emissione di fiato controllata, mentre un concetto aggressivo o da evidenziare necessita di un'emissione più ampia.

Il volume, nell'oratoria o nelle performance da imbonitore, è fondamentale. La voce deve essere "portata", necessita cioè di un'emissione di fiato più ampia e di una scansione maggiore delle sillabe, affinché le parole raggiungano distanze meno prossime a chi parla o recita.

L'INTENSITÀ

L'*intensità* è l'energia con la quale si legge, il mordente necessario ad esprimere un'emozione. È facile comprendere che questa particolare qualità è meno "tecnica" del volume o del tono.

Spesso nell'esprimere una critica si parla di lettura o recitazione intensa, sinonimo di sofferta, accentuata, evidenziata, quasi mai gridata. Vediamo qualche esempio:

Da *Le memorie di Adriano* di Marguerite Yourcenar:

> *Altre considerazioni mi si sono presentate, lentamente, la notte che seguì la morte di Giolla; l'esistenza m'ha dato molto, o, perlomeno, io ho saputo ottenere molto da lei; in questo momento, come ai tempi in cui ero felice, e per ragioni completamente opposte, mi sembra che non abbia più niente da offrirmi; ma non sono certo di non avere più nulla da imparare da lei. Ascolterò fino all'ultimo le sue istruzioni segrete. Per tutta la vita, mi sono fidato della saggezza del mio corpo; ho cercato di assaporare con criterio le sensazioni che questo amico mi procurava; devo a me stesso d'apprezzarne anche le ultime. Non respingo più questa agonia fatta per me, questa fine lentamente elaborata dal fondo delle mie arterie, forse ereditata da un antenato, preparata poco a poco da ciascuno dei miei atti nel corso della mia vita. L'ora dell'impazienza è passata; al punto in cui sono, la disperazione sarebbe di cattivo gusto tanto quanto la speranza. Ho rinunciato a precipitare la mia morte.*

Dopo questa lettura intensa e recitata, continuiamo a esercitarci ancora con le pause.

Da *Ulisse* di James Joyce:

> *Qual è l'età dell'anima umana? // Come essa ha la virtù del camaleonte di mutar colore a ogni nuovo incontro / d'essere gaia con chi è allegro e triste*

con chi è abbattuto / così anche la sua età è mute-
vole come il suo umore //
Né quel Leopold che qui siede a ruminare e a
rimasticare il fieno della reminiscenza è più il
posato agente di pubblicità e titolare d'una mode-
sta aliquota di buoni del Tesoro //
Una ventina d'anni volarono via come un soffio //
È il giovane Leopold là come in una inquadratura
retrospettiva / specchio nello specchio (voilà mes-
sieurs!) egli si vede //

Questa è la punteggiatura originale, ma per una lettura a
voce alta abbiamo bisogno di altre pause per sostenere le
frasi molto lunghe, e poi che cosa succede al momento del-
l'inciso? Proviamo a rileggere il brano introducendovi
qualche pausa aggiuntiva:

Qual è l'età dell'anima umana? // Come essa ha la
virtù del camaleonte / di mutar colore a ogni
nuovo incontro / d'essere gaia con chi è allegro / e
triste con chi è abbattuto / così anche la sua età è
mutevole / come il suo umore //
Né quel Leopold / che qui siede a ruminare e a rima-
sticare il fieno della reminiscenza / è più il posato
agente di pubblicità / e titolare d'una modesta ali-
quota di buoni del Tesoro // Una ventina d'anni vola-
rono via / come un soffio // È il giovane Leopold là /
come in una inquadratura retrospettiva / specchio
nello specchio / (voilà messieurs!) / egli si vede //

E divertiamoci ancora a giocare con le pause per ottenere
effetti diversi:

Qual è / l'età dell'anima umana? // Come essa ha
la virtù del camaleonte / di mutar colore a ogni

nuovo incontro // d'essere gaia / con chi è allegro // e triste / con chi è abbattuto / così / anche la sua età è mutevole / come il suo umore //

Né quel Leopold che qui siede / a ruminare e a rimasticare / il fieno della reminiscenza / è più il posato agente di pubblicità / e titolare d'una modesta aliquota di buoni del Tesoro // Una ventina d'anni / volarono via come un soffio // È il giovane Leopold / là / come in una inquadratura retrospettiva // specchio nello specchio / (voilà messieurs!) egli si vede //

Altro brano tratto da *La Storia* di Elsa Morante:

Da quando s'erano chiuse le scuole / le sue passeggiate con Nino erano finite / perché Nino / alla mattina / dormiva fin oltre il mezzogiorno / avendo fatto tardi la notte //

Però sua madre s'era risoluta a portarlo talvolta (scegliendo le ore adatte) fino a un povero e solitario giardinetto non troppo lontano // Se lo caricava in collo / cercando di nascondere la propria faccia col corpicciolo di lui // spaurita / come se lungo il tragitto si rischiasse d'incontrare il babau // E arrivata al giardinetto / mentre lui giocava in terra / lei stava all'erta / seduta in pizzo sulla sua panchina / pronta ad allontanarsi intimidita se qualcuno s'avvicinava //

Questa è la punteggiatura dell'autrice, perfetta per la lettura, ma possiamo variare qualcosa e dare un suono diverso senza modificare il senso e la fluidità:

Da quando s'erano chiuse le scuole le sue passeggiate con Nino / erano finite perché Nino alla mattina / dormiva fin oltre il mezzogiorno / avendo fatto tardi la notte //

Però / sua madre s'era risoluta a portarlo / talvol-
ta (scegliendo le ore adatte) / fino a un povero e
solitario giardinetto / non troppo lontano // Se lo
caricava in collo cercando di nascondere la pro-
pria faccia / col corpicciolo di lui / spaurita come
se lungo il tragitto/ si rischiasse d'incontrare / il
babau // E arrivata al giardinetto / mentre lui gio-
cava in terra / lei stava all'erta seduta in pizzo /
sulla sua panchina / pronta ad allontanarsi intimi-
dita / se qualcuno s'avvicinava //

Ancora un brano tratto da *Calende Greche* di Gesualdo
Bufalino:

Torno nella vecchia casa di villeggiatura: il fico è
morto, la pergola è moribonda, il noce resiste bra-
vamente ma ha l'aria patita. Io ricordo antiche sere
d'agosto, con lucciole e stelle; ricordo lunghe piog-
ge serali e poi s'usciva per lumache con una lanter-
na in pugno. Ricordo parole lievi, ombre tenui, fra-
granze di terra bagnata e colma... Io ricordo questo
luogo, ma questo luogo m'ha dimenticato.

Adesso trascriviamolo con le barrette convenzionali, una
barretta (/) pausa mentale di *uno*, due barrette (//) pausa
mentale di *uno-due*:

Torno nella vecchia casa di villeggiatura // il fico è
morto / la pergola è moribonda / il noce resiste brava-
mente ma ha l'aria patita // Io ricordo antiche sere
d'agosto / con lucciole e stelle // ricordo lunghe piog-
ge serali e poi s'usciva per lumache con una lanterna
in pugno // Ricordo parole lievi / ombre tenui / fra-
granze di terra bagnata e colma // Io ricordo questo
luogo / ma questo luogo m'ha dimenticato //

Proviamo adesso a cambiare le pause, sempre nel rispetto del senso e vediamo cosa succede:

> *Torno nella vecchia casa di villeggiatura // il fico è morto // la pergola è moribonda // il noce resiste bravamente ma ha l'aria patita // Io ricordo / antiche sere d'agosto, con lucciole e stelle / ricordo lunghe piogge serali / e poi s'usciva per lumache con una lanterna in pugno // Ricordo parole lievi ombre tenui / fragranze di terra bagnata e colma // Io ricordo questo luogo ma / questo luogo / m'ha dimenticato //*

E ancora:

> *Torno nella vecchia casa di villeggiatura // il fico è morto la pergola / è moribonda / il noce resiste bravamente ma / ha l'aria patita // Io ricordo antiche sere d'agosto / con lucciole e stelle // ricordo lunghe piogge serali / e poi / s'usciva per lumache / con una lanterna in pugno // Ricordo parole lievi / ombre tenui / fragranze di terra bagnata e colma // Io ricordo questo luogo ma questo luogo // m'ha dimenticato //*

ESERCIZI

ESERCIZI CON "Ó" E "Ò"

1 Dódici formiche solevano córrere sópra uno scòglio dóve l'oceano lottava cón lóro.

Ógni vòlta che l'ónda arrivava, le dódici formiche occupavano di córsa i fóri dello scòglio e pòi sogghignavano.

Óre ed óre trascorrevano giocando tra il suòno delle ónde e il tónfo sul mòlo.

Sul pónte oppósto, mólti molluschi occhieggiavano incuriositi e un fòrte odóre oleóso si sposava cón quello dell'oceano.

Sótto sótto le formiche volevano dimostrare il lóro coraggio, ma il giòco era rischióso e pericolóso, e dópo ógni ónda una lóro compagna moriva con onóre.

Erano rimaste in nòve e la fiòca luce della nòtte le faceva sembrare a vòlte cóme nascóste in una bótte.

Una nòttola volteggiava sópra alcune gióvani balenòttere e un nostròmo dal buòn cuòre raccòlse dal suòlo le nòve formiche e le depóse sótto una cóltre di pannòcchie.

Il giòco era finito e i molluschi, la nòttola e le balenòttere cóme vuòle la fine della stòria, augurarono la buonanòtte all'oceano e al nostròmo.

2 Diciòtto ragazzòtti con le maniche arrotolate sui gómiti solevano osservare le lezioni di cucina del cuòco, con la speranza nel cuòre di potere un domani essere bravi cóme lui.Pomodòri, cipólle, caròte, aglio, patate óltre agli odóri erano serviti per il bròdo.

Il riso non doveva essere scòtto e sótto la pentola il fuòco era allegròtto.

Il nòstro cuòco era un gagliòffo che da gióvane aveva fatto il nostròmo ed era vissuto mólto tempo in una colònia penale vicino ai fiòrdi della Norvegia, inóltre non era pròprio un Apòllo anzi somigliava a un móstro, ma lóro, i suòi allievi, lo avevano messo su un tròno e con lui erano sicuri cóme in una bótte.

Tutta la nòtte impararono a fare il risòtto allo zafferano che doveva essere giallo come l'òro e lóro, tutti e diciòtto ci riuscirono senza nessun rimbròtto.

Dopo la mezzanòtte il cuòco tuonò: «E ora ragazzòtti, rimettere tutto al pròprio pósto còsti quel che còsti».

Pòco dópo uscirono alla luce fiòca dei lampióni, salutarono un tòpo, ognuno prese la sua mòto e con gran frastuòno scomparvero nella nòtte.

ESERCIZI CON "É" ED "È"

1 Si chiamava Elisabètta la brunétta con quel pètto e
il corpo perfètto.
Era le sètte meraviglie ed avéva anche la fossétta
sul ménto, naturalménte lé piacéva fare la civétta e avéva
frétta di realizzare i suoi progètti.
La sua bellézza accarezzava le ménti délla gènte dél
paése che voléva farle un monuménto.
Lé mogli e lé altre ragazze gelose volévano essere cèrte
che il progètto fosse immediataménte scartato e con
fermézza alla mèzza andarono a parlare di quél diségno
pazzésco al véscovo meditando vendétta.
Il véscovo èra a lètto, leggéva e fumava una sigarétta.
Lé donne in un moménto riferirono délla trésca déi
maschiétti dél paése e dell'idèa pazzésca e grottésca dél
monuménto.
Lui, capito il sènso délla bièca vendétta e con quali
soggètti avéva a che fare chièse di parlare con gran frétta
ad Elisabètta.
«Ammétto che siète una bèlla brunétta ma è bène che non
andiate vestita in quel modo, la gènte si divèrte a fare pet-
tegolézzi, ve lo dico con affètto.»
Elisabètta era strétta in un vestito rosa confètto.
«Non accètto quéllo che dite, è difficile darvi rètta, non lo
consideri un dispètto.»
Tirò fuori la linguétta e uscì con aria da furbétta.

2 Ecco che la bèlla e gentile sorèlla si èrge dalla sèdia e con le lèttere èdite dall'editore si martèlla le mèmbra in attesa della gemèlla.

È sèmpre la solita attésa di due mèzze orétte.

Non si capisce bène perché dèbba aspettare tanto.

Mangia una méla e guarda il cièlo che sémbra un vélo di ragnatéla.

La sorèlla Danièla è magra come una candéla ma lavora con molto zèlo anche se è sèmpre sènza il bécco d'un quattrino.

È anche un po' bécera e qualche volta bèla come una pècora o urla come una bélva, insomma non è bèn accètta nélle céne di cèrti céffi.

Rebècca si sènte un céncio, nélla cèlla dove è stata cènto giorni ha scritto délle bèlle novèlle con un dèdalo di gènte che dève scégliere tra il bène e il male.

Il male è un' édera difficile da estirpare ed élla lo sa.

Dopo due mèzze orétte le due gemèlle si mettono a camminare insième per andare dall' editore che permétte loro di recitare il Vangelo e di parlare di Caino e Abèle, ma non di lèggere le bèlle novèlle che ésse hanno scritto.

ESERCIZI CON OMOGRAFI
E CON OMOGRAFI CON DIVERSO
ACCENTO TONICO

1 Affinché impàri la buona educazione gli hanno messo una bàlia molto altèra che spesso lo riempie di bòtte con un frustìno. Il ragazzo non accètta questa mèsta condizione e roso dall'ira che gli àltera la ménte vìola le regole della bàlia.

Sùbito per téma di essere scorto nasconde il vólto dietro le tendìne aperte per metà e con una accétta riduce la finestra in vénti pèzzi di fòrmica.

Il fóro è grande perché èsca facilmente e incurante delle guardie che móntano servizio si sporge per metà con i muscoli tési.

Il suo intimo è ancóra agitato e la ménte séguita ad essere vòlta alla stanza per téma che rùbino il suo rubìno.

Pensa al rubìno, alle ròse, al cómpito che gli hanno assegnato.

Pésca nei ricordi che come un vento invadono la ménte.

Non è questo il nòcciolo della questione, pensa, collèga il canto degli uccelli al vólto della sua amata e sùbito decàde il progetto.

Non ha più mèta, non tème che lo frùstino, ora lègge chiaramente, non è stato circuìto, tutto decàde, e mèsto per quanto ha subìto ma con portamento altèro esce, cerca di nettàre il vólto, fa forza sull'òmero e rientra nella stanza.

Una formìca lo osserva, il paesaggio montàno fa da cornice.

2 La nave dopo una notte in balìa dei vènti e momenti di vero pànico è ancóra lontana dalla riva e ha perduto l'àncora. Tutti sono occupàti con i corpi protési e i vólti rassegnati e non pèrdono un gesto della manovra del capitàno. Ha una pròtesi alla gamba e una retìna sui capelli perché gli vólano.

Naviga da più di vénti anni, è altèro e nella rètina dell'occhio brilla un puntìno viòla. Le vele come tendìne si muovono leggère. Alcuni si ìsolano, qualcun altro indìce una specie di scommessa, altri cercano di lèggere il libretto delle istruzioni, ma per quanto pròvino non capiscono nulla e si chiedono perché non scrìvano più chiaro, poi intuìto che è tempo perso, spìano i movimenti del capitàno che all'improvviso dice: «Férmati sùbito!» puntando l'ìndice contro lo scrivàno isolàno che si è fatto piccolo come un puntìno, «òccupati piuttosto del panìco per il pappagallo o suona il violìno ma lascia stare le turbìne». La voce come un tùrbine, la bocca color rubìno e il lampo viòla nella rètina fanno innamorare Sofìa che lo vede come l'uomo del destìno, gli si avvicina e dopo averlo un po' circuìto gli dice: «So che lo desìderi» e gli da un bacìno dolce come il nèttare, presto i due pèrdono il controllo e quando il loro bacìno è troppo vicino, vengono fermati. «Ricòrdati che sei il capitàno!». Perdóno, sono cose che càpitano e cerca di nettàre la bocca di Sofìa, ma lo percuotono con un frustìno affinché impàri. Vólano parole grosse ma infine benché non pròvino vergogna i due si arrendono al loro destìno, e con il vólto rivòlto verso la nave scendono sul pattìno. Un lampo viòla vìola il cielo.

ESERCIZIO CON OMOGRAFI CHE CAMBIANO SIGNIFICATO A SECONDA DELL'ACCENTO TONICO

«Crédo che la storia denunci una regìa ancora acerba ma come tèsi di difesa è ben accètta e non si vìola il diritto.
È importante che si impàri a vedere che il tèma è frutto di una ménte che si è presa il cómpito di nettàre ogni nòcciolo della questione.»
Il discorso non ebbe più séguito e il principe del fòro dopo vénti minuti aveva esposto la sua àncora di salvezza per tèma di amare sorprese.
Era vestito color rubìno con cappello vìola e frustìno di cuoio per paura delle bòtte e il mantello sull'òmero.
Due persone móntano la guardia con faccia mèsta ma il loro cómpito è ìmpari.
«Chi non accètta èsca dal fòro affinché impàri che è la règia volontà che conta», disse un altèro personaggio.
Era l'àncora di salvezza per il principe del fòro che compìto uscì.
Qualcuno gli regalò del mièle di pèsche e del nèttare montàno.
Fu assalito dalle tèrmiti.

ESERCIZI CON "IE"

1 Visto che sìète peccatori potete venire in chièsa insième a me e chièdere se dìètro una lìève penitenza sarete assolti.

Purtroppo il sacerdote vìène solo alle dìèci.

Ièri durante la predica non si spiegava bene e non si capiva nìènte anche se andava fìèro del discorso fatto.

Io quando parla mi sìèdo in pìèna luce, vado dìètro ai mìèi pensìèri pìèni di bandìère che sventolano nel cìèlo.

Non ci sono molti cavalìèri tra i fedeli e spesso mi fa male la schìèna perché devo stare in pìèdi e mi appoggio all'acquasantìèra e mi chìèdo se le preghìère pìèghino solo la mia mente.

2 Vicino all'Anìène camminano a pìèdi un alfìère, un avìère, un arcìère e un allìèvo. Tutti e tre fischìèttano lìèti di avere bevuto un bicchìère pìèno di vino e mangiato una fetta di pane con il mìèle e anche della pastìèra da un panettìère dalla faccia di alìèno.

Ad un tratto avvìène che sentono un lìève rumore, «Provìène da dìètro quella sìèpe» dice l'avìère con aria bìèca.

Tutti e tre si dirigono verso l'obiettivo e scorgono un arìète, «Tìènilo per le corna» dice l'allìèvo, ma l'arìète si sìède e comincia a dire l'oroscopo.

Ai tre viène da ridere e pensano che un ariète che parla è una minièra d'oro e cominciano a recitare preghière per riuscire a iniettare un sonnifero all'animale, dato che uno di loro è anche infermière.

Ma non c'è niènte da fare, l'ariète fugge diètro una fio-rièra e l'infermière interviène maldestramente e infieri-sce con l'iniezione sull'arcière che rièsce a dirgli: «Deficiènte!» e poi sviène.

ESERCIZI CON "UO"

1 Suòle andare dai suòi suòceri con il carro trainato dai buòi, generalmente porta delle uòva da cuòcere, perché le sue cognate sono delle buòne cuòche anche se adoperano solo il tuòrlo, sanno anche scuoiare i conigli.
Mentre i bambini sono a scuòla o a giuocare, dopo il pranzo aiuta a scuòtere la tovaglia, quando vuòle aiuta il suòcero a portare la cazzuòla, si ammalò di cuòre quando era luogotenente del duodecimo fuochisti e la fatica può nuòcergli.
Insomma si comporta come una buonissima nuòra.

2 Un uòmo e una donna si rifugiarono nel Duòmo spaventati da un tuòno e dalla pioggia che aveva rovinato le suòle delle scarpe.
Ci sarebbe voluto un bel fuòco per asciugarsi e magari un bicchiere di liquóre di quelli che fanno a Nùoro.
Una suòra disse che in quel luògo non potevano stare e dovevano andare fuòri.
Uno stuòlo di uccelli faceva la ruòta intorno a un nuòvo banchetto di semi.
«Se non mangio qualcosa muòio», disse la donna, «ho un languóre e lo stomaco è troppo vuòto».
L'uòmo era possente e forte come una sequòia, capì che

si doveva muòvere e conscio del suo ruòlo disse alla donna: «Vuòle che la prenda in braccio o vuòle andare a nuòto?»

Lei sinuósa gli balzò in braccio e sentì i loro cuòri che battevano in un solo suòno.

ESERCIZI CON "S" SONORA E "S" SORDA

1 Chieṣe alla spoṣa in quale chieṣa si sarebbero spoṣati e pretese un impresario che con riserbo trovasse in paeṣe trentasei franceṣi e un cinese della buona borgheṣia per presiedere l'enneṣimo matrimonio.

Il marcheṣe trasecolò, prese di peso il vanitoso marsigliese che rimaṣe ad occhi chiusi e con il sorriso sulle labbra, lo chiuse in casa e d'improvviso pretese una fraṣe o una poeṣia con muṣica.

Il marsigliese preciṣo e invaṣato infuṣe nella poeṣia così palesi cineserie che il marcheṣe rimaṣe persuaṣo che quaṣi quaṣi non era il caso che si facesse una cosa così in chieṣa.

Curioso chieṣe in quale paeṣe avesse frequentato il ginnaṣio e il marsigliese con orgoglioso sorriṣo rispose: «A Brindiṣi».

2 Il Presidente biaṣimò l'operato del primo ministro e pretese le scuṣe in inglese. Il poveretto che era franceṣe trasecolò e chieṣe se poteva andare a casa per un mese al suo paeṣe.

Il Presidente disse sì a quel desiderio e così rosso in viṣo prese il treno e andò a Pisa.

Si chiuse in casa e quaṣi pensò al suicidio poi persuaṣo

che avrebbe risolto il problema, si fece un infuso di gira-
soli, rosicchiò un po' di riso e roso dalla collera rimase in
casa ad ascoltare la musica.
Ad un tratto, socchiuse gli occhi e improvvisamente
decise di andare in Malesia a trovare un amico filosofo.
L'idea era curiosa e risolutiva, allora finalmente sorrise.

ESERCIZI CON "Z" SONORA
E "Z" SORDA

1 Nel Lazio ci sono molte aziende dove si coltiva lo zafferano e si allevano alcune razze di animali.
Nello spazio antistante le case scorrazzano delle zebre.Costanti zaffate arrivano dalle stalle dove in silenzio dormono i cavalli.
Una fontana zampilla al centro di una aiuola di zagare e azalee color zaffiro curate con costanza e pazienza da uno zelante giardiniere un po' anziano e giallo come lo zolfo.
Lo spazio è diviso in zone, da una parte coltivazioni di zucchero e zibibbo, dall'altro zucca e semi di colza, tutto organizzato alla perfezione e con perizia.
C'è anche un laghetto di media grandezza pieno di zanzare dove si pesca con la lenza.
All'ora di pranzo, si alza un leggero zefiro che porta un olezzo di spezie. Le gazzelle battono gli zoccoli sulle zolle con impazienza, dopo la pulizia hanno fame, alzano il muso nella speranza che il fattore Ezio non sia fazioso e non porti il pranzo solo alle gazze, sarebbe un'ingiustizia.
Ma Ezio sta leggendo il gazzettino godendosi la brezza.
Le gazzelle su istigazione delle zebre spezzano le cavezze saltano la palizzata e iniziano a danzare su due zampe.
Ezio non pronunzia nemmeno una parola strabuzza gli occhi e stramazza nel mezzo della piazza.

2

Lo zio Ezechiele era uno zuzzurellone, amava viaggiare sprezzante del pericolo.

Era stato in Amazzonia e con la zattera aveva attraversato mari dove la brezza gli aveva bruciato la zazzera.

Era stato punto da molte zanzare che lo consideravano uno zimbello.

Ma la ferita allo zigomo se la procurò con la zanna di un elefante che era appesa su una tavolozza di zampe di animali selvatici.

Lo zio Ezechiele aveva comprato uno zaffiro bellissimo da regalare a Zaira. Era blu come quello dello zar che viveva in Nuova Zelanda vicino ad un miniera di zolfo.

Zaira portava sempre zoccoli ai piedi ed ogni volta che entrava in casa inciampava nello zerbino e cominciava a zoppicare.

Allo zio Zaira preparava sempre la zuppa per pranzo, ma ci metteva lo zucchero e un pezzetto di zucca, allo zio faceva ribrezzo per quel terribile olezzo che soffiava in cucina come zefiro.

La gente faceva pettegolezzi su quella zingara così zozza, ma Ezechiele amava Zaira e non voleva che restasse zitella.

Così un giorno zitti zitti convolarono a giuste nozze.

Con un vestito color zafferano erano una bellezza.

Entrarono in un gran bazar dove mangiarono pane azzimo e spararono razzi.

Le zebre per la puzza impazzirono e corsero all'impazzata nella piazza fino al pozzo, ruzzolando sulle zolle.

ESERCIZIO CON "GLI"

1 **Gli** alunni scrivevano sui fo**gli** con **gli** stessi pennarelli scelti fra le mi**gli**aia consi**gli**ati dalle fami**gli**e, ma un parapi**gli**a si scatenò per la bi**gli**a e il ferma**gli**o che la fi**gli**a dell'ammira**gli**o aveva strofinato con l'a**gli**o.

Un odore di coni**gli**o arrosto provocò nella marma**gli**a la vo**gli**a di pa**gli**a e fieno.

I consi**gli**eri della scuola attorci**gli**ate la bi**gli**a e il ferma**gli**o in un fo**gli**o di carta stagnola a forma di conchi**gli**a, gettarono il pacco in un convo**gli**o che dera**gli**ò.

Con un grande venta**gli**o di Sivi**gli**a, un mazzo di gi**gli** e glicine e sapone di Marsi**gli**a si profumò l'aria.

La fi**gli**a dell'ammira**gli**o si fermò sulla so**gli**a perché la mani**gli**a della porta di legno aveva stampi**gli**ate le impronte della marma**gli**a.

Sbadi**gli**ando emise un ra**gli**o al sapore di a**gli**o.

Con sua grande meravi**gli**a le misero un bava**gli**o.

2 È una mattina di lu**gli**o, **egli** si sve**gli**a attorci**gli**ato alla ma**gli**etta, con un sapore di a**gli**o in bocca e pi**gli**o batta**gli**ero.

Senza disto**gli**ere lo sguardo dalla mo**gli**e prende una pasti**gli**a secondo il consi**gli**o scritto dal medico di fami**gli**a su un blocco di fo**gli** sparpa**gli**ati.

Con meraviglia sente un rumore proveniente dal ripostiglio.

Si avvicina per sciogliere il mistero, gira la maniglia e tra i giocattoli del figlio raccoglie un coniglio di ciniglia con un bavaglio grande come una mantiglia. «Meglio essere cauti», bisbiglia.

La voglia di chiamare la moglie è grande ma sceglie di glissare e si assottiglia per entrare nel ripostiglio che somiglia ad una piccola bastiglia.

All'improvviso la moglie ormai sveglia e in vestaglia emette uno sbadiglio simile a un raglio.

Lui spaventato scaglia il coniglio contro la moglie che non trovando alcun appiglio, cade per lo spavento, comincia a tartagliare a briglia sciolta dandogli del troglodita.

ESERCIZI CON "GN"

1 Era un sogno degno di una diagnosi.
In una verde e amena campagna si teneva un
convegno sulla vergogna.
Una bella insegna di legno con un disegno di una donna
che faceva il bagno insieme a un cigno. Era di giugno.
Nell'aria un odore di sugna e di fogna con una cagna con
la rogna che faceva la lagna.
I partecipanti al convegno si facevano accompagnare
dalle loro signore, segno che non riuscivano a svolgere
l'impegno senza sentire il bisogno di compagnia.
Ognuno scriveva il proprio cognome sulla lavagna e con
contegno strappava un assegno con il quale pagava anche
gli agnolotti e l'agnello arrosto.
Ogni tanto facevano una grande cagnara ma in generale
regnava molta armonia soprattutto quando bevevano del
cognac e perdevano quell'aria arcigna.
Spesso si mettevano d'impegno a danzare nella vigna al
suono della zampogna sembravano personaggi di sogno,
gnomi e matrigne nel regno dei ragni, si erano dati anche
dei nomignoli.
E così c'era Ordigno perché troppo violento, Giallognolo
perché pallido, Taccagno perché tirchio, Pigna perché
non capiva, Spagna perché amava il flamenco, Vigogna
perché vestiva sempre di lana.
È strano ma si chiamavano con i nomignoli e non prova-
vano nessuna vergogna.

2 «Signore e signori, sono consapevole delle consegne che mi fate ma ho bisogno di un attimo di pausa.»

Non ricordava il cognome di nessuno e fece segno che come impegno era troppo gravoso e che la testa di legno che aveva organizzato il convegno era veramente uno gnocco.

La diagnosi era perfetta e ricordò che in sogno aveva visto degli gnomi.

Chiamò la più contegnosa delle signore, si fece dare un assegno e disegnò una casa di campagna, si fece accompagnare dalla sua compagna e lagnandosi della montagna di cose ancora da fare, prese una zampogna e si infognò in un concerto pieno di ignominia.

Fu preso e messo alla gogna, morì dalla vergogna.

ESERCIZI CON "SC"

1 Lasciava l'uscio di casa aperto quando usciva e non si sa perché non si asciugasse i capelli che lasciavano una scia di acqua per terra.

Insomma il suo comportamento lasciava scioccati tutti coloro che la conoscevano e che la consideravano una sciatta e sciamannata.

Conscia delle critiche ma scevra da ogni condizionamento si pasceva delle chiacchiere e gongolava come un pascià.

Andava a pescare e si lasciava cullare dallo sciabordio delle onde, toglieva tutte le lische ai pesci, metteva da parte le scaglie buttava via le viscere e poi si sciacquava le mani.

Sembrava una azione sciocca ma lo aveva appreso da uno sciamano e aveva scelto la sua strada.

Le lische le metteva ad asciugare e le vendeva come pettini, con le teste di pesce faceva uno sciroppo contro la sciatica.

Si diceva che con le scaglie avesse guarito addirittura uno sciancato e che allontanasse le sciagure con la sua scienza.

Dopo questi prodigi tutti la lasciarono in pace e anzi le regalarono uno scialle rosso scintillante che era una vera sciccheria.

2 Katiuscia era appena uscita dal bagno.
I suoi capelli erano biondi e lisci e lasciavano una scia di profumo dopo lo sciampo. Peccato che

fosse un po' **sci**atta e che avesse **sci**alacquato tutto il patrimonio, inoltre era un po' **sci**ancata e **sci**pita.

Ma doveva sposarsi e indisse una gara di **sci**oglilingua.

Arrivarono in molti a dire **sci**occhezze, lei li **sci**mmiottava tutti e si la**sci**ava un po' adulare.

Sciolti i bei capelli sembrava più bella e fece scoccare la **sci**ntilla in uno **sci**enziato che **sci**orinò con **sci**oltezza tutto lo **sci**bile, non disse nemmeno una **sci**occhezza.

Si chiamava **Sci**pione, era un po' **sci**albo, con la faccia a triangolo iso**sci**ele, fisico a**sci**utto, espressione a**sci**etica, vestito con grande **sci**ccheria si era fatto lucidare le scarpe da uno **sci**uscià.

Portò in regalo delle brioche e uno **sci**alle color camo**sci**o che lei indossò. Sembrava una **sci**antosa.

Quella vista su**sci**tò grande ammirazione, **Sci**pione si fece portare dello Champagne con il quale si **sci**acquò la bocca e la baciò con la**sci**via.

Lei decise di sposarlo, ma **sci**aguratamente non aveva nemmeno uno **sci**ellino e così quello **sci**enziato **sci**munito e inco**sci**ente fece la figura dello **sci**occo.

Quando fu messo a cono**sci**enza o**sci**llò sulle gambe poi si acca**sci**ò mentre la rabbia cresceva, poi raggiunse l'u**sci**o e invece di fare una **sci**enata andò in una me**sci**ta e bevve in modo o**sci**eno aspettando la na**sci**ta del nuovo giorno.

3 **Sci**ese dalle scale con la **sci**arpa al collo, **sci**upato in volto e sconvolto per la **sci**emenza che aveva con**sci**amente detto.

Lo **sci**amano **sci**operava quel giorno e la **sci**enziata aveva perso co**sci**enza per la troppa la**sci**via a cui si era la**sci**ata andare.

Reminiscenze di scienza gli scintillavano davanti e non riusciva a scindere le varie conoscenze.

Prese uno sciroppo e cominciò a sciorinare tutto lo scibile mentre un vento di scirocco innervosiva le scimmie che si lasciavano scivolare sulla sciovia.

Temendo una sciagura preparò una scialuppa, sciacquò la scimitarra, evitò uno sciame di api e degli sciacalli e lasciata sulla coscia della scienziata una sciarada, fuggì lasciando una liscia scia.

ESERCIZI CON "C"

1 Concetta cuciva con pazienza certosina, cominciava la mattina alle dieci e finiva alle sedici.
Cuciva soprattutto camicie da notte, camicette e
camici da lavoro.
Non si concedeva mai una distrazione, solo il circo quando veniva nella sua città.
Circolavano cattive voci sul suo conto ma lei continuava
con costanza a cucire.
Andava a lavorare in bicicletta e si era fatta dei polpacci
spaventosi, sembrava un ciclista, anche il petto era pro-
cace, centodieci, quando si misurava con il centimetro
un po' si spaventava, ma certo non avrebbe mai cercato
di dimagrire.
Era una bellezza casareccia con una testa piena di ricci.
Fra la sua clientela c'era un tipaccio che andava sempre a
caccia di cinghiali, con lei era appiccicaticcio e poco dolce.
Le chiese delle camicie col collo sedici e un motivo a
treccia ricamato.
Concetta fece le dodici camicie e gliele consegnò.
Il tipaccio disse che non gli piacevano e che non le accettava.
«Cosa è successo» disse Concetta «questo è un capriccio,
che accidenti le prende, si spicci a darmi i soldi!».
Il tipaccio imbracciò il fucile e la minacciò, ma Concetta
veloce come una freccia gli diede un calcio così preciso
che quello con voce fioca disse: «Accidenti che polpacci!».

2 «Certamente saprai cucinare», disse la suocera cercando il suo sguardo celeste.

«No, non sono capace.»

«Cerca di riuscirci non è certo così difficile.»

«Io non faccio quello che piace a lei!»

«Allora andate a cena fuori!» urlò cianotica la suocera, e recitata la minaccia uscì.

I due sposini inceneriti si sentivano come un cencio e una lacrima luccicava tra le ciglia.

«Non voglio cedere» disse lui «ora vado a caccia!».

«Non puoi conciato in quel modo e poi c'è poca luce, usa il cervello, si cena con cicoria e ceci e un po' di caciotta acida.»

Certo fuori non faceva caldo e anche i criceti nel cesto avevano smesso di fare caciara e il cane nella cuccia giocava con un acino di uva.

Fuori sul ciglio della strada un siciliano con una croce in mano recitava la decima preghiera ma non si riusciva a decifrare se le sue radici erano ad Erice.

Una falce di luna cuciva i due lembi del cielo.

Si sentì improvvisamente felice. Perché tramutare il sangue in aceto e farsi maciullare il fegato? Faremo pace domani.

Si allacciò alla sposa e disse: «Saltare la cena non nuoce», e la coprì di baci.

ESERCIZI CON "R"

L'incontro della lettera r con altre consonanti e in particolare con la l spesso risulta difficile da leggere con scioltezza soprattutto se si è stanchi. Gli esercizi che propongo sono studiati per esercitarsi nella lettura di parole che contengono molte r, con un consiglio, quello di non correre perché proprio quando ci sono difficoltà bisogna leggere lentamente affinché si possano pronunciare correttamente tutte le consonanti.

1 Sulle rive del fiume si abbevereranno mandrie di animali, immergeranno il muso alternandosi con altri predatori che cercheranno di mangiarseli in una dura lotta per la sopravvivenza.
La sera la marea coprirà le terre riarse creando un temporaneo confortevole rifugio per le piccole prede. Gli alberi sulla riva attireranno stormi di aironi pronti a nidificare mentre varani e coccodrilli daranno prova di grande strategia cercando di catturare tutti coloro che proveranno ad avvicinarsi.
Numerosi granchi proveranno ad aprire le ostriche per mangiarsele ma dovranno arrendersi a lasciarle andare perché troppo dure.
Tartarughe di mare osserveranno l'acqua decrescere in un arco di tempo incredibilmente breve e quando si riti-

rerà cercheranno temporaneo rifugio nelle nere grotte di roccia calcarea. Vibranti girini e rane in grande fermento tenteranno di spostarsi e fuggire, ma è arduo credere che sopravviveranno al loro destino.

Nel regno degli animali le madri partoriscono ad intervalli regolari i loro cuccioli e vanno a caccia per nutrirli, per questo percorreranno numerosi chilometri sull'arido territorio e saranno pronte a spostarsi ad ogni strano rumore per difendere la prole dai predatori che vorrebbero divorarli.

2 Era la prima volta che si recava al mare, le previsioni della radio parlavano di perturbazioni e addensamenti cumuliformi nel corso della giornata con probabile rasserenamento in serata.

L'arenile romagnolo era gremito di vacanzieri che avevano prenotato da aprile per avere un ombrellone e una sdraio al prezzo concordato.

Senza proferire parola si diresse verso il bagnino Alberto, forte come un toro, marito della sora Rosa.

«Potrei avere una sdraio?» disse cercando di catturare la loro attenzione.

I due ridevano felici della loro ilarità, quando si girarono strabuzzarono gli occhi come per una revolverata e mormorarono a fior di labbra: «Sire, siamo onorati di averla tra noi».

«Ma io non sono il re e poi non c'è più la monarchia!»

Con aria spettrale Alberto e Rosa presero un bicchiere con il rosolio e glielo offrirono per brindare e scacciare le loro traversie, poi lo costrinsero a sedere e iniziarono a sciorinare una serie di disgrazie e problemi irrisolti pregandolo di risolverli per piacere, ché loro non erano forti da opporsi all'avverso malaugurato, infernale destino.

Chiacchierarono per circa quattro ore, il mare ormai era un miraggio, quando lo lasciarono ripartire era frastornato, ubriaco e con un colorito sepolcrale.

3 I raggi del sole al tramonto si irradiavano sull'arenile e nei giardini irrorati una sorta di rugiada copriva le erbette e i fiorellini colorati.
L'aria era frizzantina e uno zefiro leggero altrettanto fresco si artigliava agli alberi stordendoli di piacere.

Poteva sembrare marzo o settembre e nell'azzurro del cielo si alternavano gruppi di passerotti canterini.

Un'atmosfera perfetta per creare una straordinaria particolare romantica storia d'amore.

Margherita e Ranuncolo roridi di rugiada si guardarono trasecolando per la sorpresa.

Erano entrambi veramente meravigliosi, lei era rosa con le foglie verde smeraldo e lui rosso con le foglie verde marcio. Insieme formavano uno straordinario contrasto cromatico.

Senza troppi preliminari Ranuncolo disse a Margherita che moriva d'amore per lei e che era pronto a farla sua e proteggerla come una reliquia.

Margherita non voleva riporre il suo cuore in una relazione pericolosa e con un sospiro chiese di poter riflettere sulla proposta.

Ad un certo punto arrivò un giardiniere con l'ordine di cogliere i fiori e incredulo di fronte al meraviglioso colore di Margherita la strappò dal terreno, lei si fece

raccogliere senza uno strillo, reclinò la bella corona di petali e sorrise a Ranuncolo che con un gesto disperato si recise lo stelo.
Un refolo di vento lo prelevò e lo disperse all'orizzonte.

ESERCIZI CON "STR"

1 La **str**ada era resa sdrucciolevole dallo **str**aordinario acquazzone che aveva fatto **str**aripare i fiumi provocando una **str**age di storioni.

Coperto da un pa**str**ano sdrucito, **str**etto e **str**opicciato, **str**anito dal vento e stordito dalla **str**ombazzata di una macchina, aveva cominciato a starnutire e a **str**amaledire il tempo che lo avrebbe co**str**etto a co**str**uire una **str**uttura di riparo per gli **str**uzzi che **str**epitavano con grida **str**azianti, ma non se la sentiva di **str**apazzarsi e pensò ad uno **str**atagemma per **str**avolgere le cose.

Aveva la faccia **str**alunata e **str**attonava il compagno che **str**afelato e **str**acco cercava di stargli al passo e **str**illava che sarebbe **str**amazzato visto che era anche **str**abico e **str**abuzzava gli occhi per evitare lo **str**apiombo.

Distrutti arrivarono nella stamberga di un ca**str**acani che si **str**afogava di mine**str**a di **str**acciatella e beveva vino **str**avecchio.

Una donna brutta come una **str**ega e con gli occhi bi**str**ati come la maîtresse di un po**str**ibolo, cantava uno **str**ambotto e **str**impellava una chitarra come se fosse uno **Str**adivari, lo **str**idio li co**str**inse a tapparsi le orecchie, l'avrebbero voluta **str**angolare. Si accomodarono su uno **str**apuntino e tolsero gli abiti **str**acarichi di acqua, le scarpe lasciavano uno **str**ato di fango sul pavimento di la**str**oni di ardesia.

Il no**str**o protagonista si indu**str**iava per attirare l'attenzione del castracani distratto da una giostra di moscerini sulla finestra e si destreggiava in strepitosi esempi sulla straordinaria offerta.

Gli offriva gli struzzi in cambio di una cifra striminzita. «Ma io castro i cani non gli struzzi» strillò quello ascoltando quella mostruosità.

La donna estrasse da una scatola piena di stracci dei nastri multicolori e li mostrò dicendo: «Credo che i vostri struzzi starebbero benissimo con questi nastri».

La sua maestria fu tale che i due stroncati dal troppo parlare comprarono i nastri e uscirono strisciando con la faccia olivastra pensando che era successo un pastrocchio e che dovevano consultare uno strizzacervelli. Fuori tirava un vento di maestrale.

2 C'era una strana atmosfera intorno alla giostra, l'orchestrina strimpellava.
Stormi di uccelli starnazzavano e stravaganti personaggi giravano intorno alle finestre. Il prestigiatore era molto stressato, la sua maestria era stata messa a dura prova. Gli altri artisti si trastullavano con aria stralunata.

Lo strapparono dalla poltrona e lo stordirono con uno strano oggetto trovato nel camerino della star. Era un sequestro.

Si svegliò e si trovò incatenato nel cofano della loro stramaledetta macchina mentre i rapitori cantavano una filastrocca. Riuscì con estrema fatica a strapparsi il nastro che gli chiudeva la bocca e ad allentare la corda che gli stringeva le mani e i piedi. Si districò magistralmente da quei lacci e attese che l'auto si fermasse. La strada era dissestata e le buche lo strattonavano a destra e a sini-

102

stra. Meno male che era striminzito e che quello straziante viaggio stava per finire. I rapitori lasciata la strada maestra presero per un viottolo campestre fiancheggiato da ginestre e scesero per trasportare il sequestrato in un antro stretto e buio. Quando aprirono il cofano non poterono fare a meno di strillare: mentre erano distratti dalla guida il prestigiatore era riuscito ad uscire e strisciando per terra era scappato.

I rapitori si stropicciarono gli occhi increduli e si strapparono i capelli.

ESERCIZI CON "LTR"

1 Casa Poltrinieri era oltremodo squallida, costruita nella Valtrompia era immersa in un silenzio d'oltretomba e la nebbia la copriva con una coltre oltremodo fastidiosa e umida.

Ma c'era dell'altro, Geltrude era piccola piccola e non oltrepassava il metro e venti, oltre tutto non era propriamente scaltra, insomma la testa era spesso altrove.

Nella casa non c'era nessun altro, nella stalla una cavalla un po' baldracca coperta con una gualdrappa di feltro grigio.

La sua poltronaggine non la faceva muovere di un passo e peraltro non avrebbe avuto modo di andare da nessuna parte, non c'era altro che grigio e nebbia, anche i suoi occhi erano grigio peltro e quando nitriva le usciva più che altro un raglio ultrasonico.

Insomma un oltraggio alla sua razza.

Proprio quel raglio attirò un signore ultraricco che chiese a Geltrude di vendergliela per esporla in una fiera di Voltri, senza maltrattarla.

Geltrude, seduta in poltrona, disse che la cavalla non aveva prezzo perché parlava. Il signore rispose che era oltremodo scortese prendersi gioco di lui, ma in quell'istante la cavalla con una luce ultravioletta che le filtrava da sotto le palpebre e con una voce ultraterrena, rivolgendosi a Geltrude disse: «Che altro c'è da cena?».

2 La musica di John Coltrane oltrepassava gli oggetti e il sole filtrava attraverso i rami. Un oltraggio in quell'atmosfera di oltretomba.

Sulla poltrona oltre i vestiti, un maglione infeltrito e un cappello di feltro.

Era scaltra ma il fulcro della questione era la sua poltronaggine, indugiava sotto le coperte e sembrava non ascoltarlo quando le ricordava che a Feltre era stata tutt'altra storia, cosa poteva dirle di più; senz'altro aveva capito il senso di quel discorso d'altronde non si poteva tornare indietro, i ricordi erano una coltre dolorosa, la mente altrove. «Hai capito o devo aggiungere dell'altro?». Altroché se aveva capito!

Le parole suonarono come un oltraggio, non sopportava di essere maltrattata.

Prese il vaso di peltro comprato e lo scagliò lontano oltre la finestra.

ESERCIZI CON "NT" E "ND"

1 «Proprio qui dovevamo avere un incidente!» disse con voce belante.
Il mare era luccicante e il deserto splendente, ma all'orizzonte non si vedeva proprio niente. Sembrava un continente desolatamente senza abitanti, ma c'erano molti serpenti.
Non erano proprio contenti ma aspettavano diligentemente l'arrivo di qualche agente.
«Intanto che aspettiamo sarebbe splendido se mi andassi a prendere un piatto di spaghetti al dente.» Belinda trattava Rolando come un dipendente e continuamente richiedeva cose assurde e faceva discorsi inconcludenti.
Rolando che era stato per tanti anni attendente di un tenente, era abituato a stare sull'attenti ma c'erano dei momenti che la trovava indisponente.
Belinda lo accusava di essere lento, e di non tenere conto che lei non poteva aspettare, principalmente perché aveva maledettamente fame. Rolando contò fino a centocinquanta per non scattare e pazientemente si avviò verso una luce lontana dove probabilmente avrebbe trovato la pasta al dente con il condimento giusto.
La spiaggia era molto lunga e caliente, ma Belinda era impaziente e lo offendeva chiamandolo buono a niente e deficiente.
Rimuginando sulla sua condanna Rolando dopo un lasso di tempo assolutamente incalcolabile, arrivò a quella che

si rivelò una struttura fatiscente e cadente, ma lui era l'unico cliente e fu accontentato subito. Gli spaghetti al dente, fumanti e intinti in un ottimo condimento lo misero di buon umore e cantando chiese il conto. «Niente!» disse il cuoco sorridente e volando raggiunse una stella cadente. Rolando, con le mani unte, riuscì a dire solamente : «Accidenti!».

2 Piero felice e contento stava andando a prendere il giornale quando sentì uno strano rumore proveniente dal palazzo di fronte.
Convinto che si trattasse di una voce umana, si diresse in quella direzione.
Entrò dentro uno scantinato umido e a stento riuscì a distinguere dei sacchi di patate e dietro una amaca dondolante un cane di media taglia che digrignava i denti. Cautamente e lentamente si avvicinò come faceva di solito quando non c'era il padrone, e con fare convincente e santa pazienza cercò di convincere il cane. Niente da fare, rischiava costantemente di essere attaccato. «Incosciente» gli disse, salendo su una sedia, «cosa ti salta in mente, non vedi che ti sono amico?» La situazione era estenuante, la sedia traballante e la belva preoccupante.
Dopo circa venti minuti arrivò un tenente che visto quanto accadeva, immediatamente in tedesco ordinò al cane di uscire. Il cane senza un guaito obbedì docilmente. Piero si sentì come un deficiente.

ESERCIZIO CON "PS"

Lo **ps**ichiatra E**ps**tein e lo **ps**icoanalista E**ps**om avevano in cura il signor Sim**ps**on che presentava problemi **ps**ichici molto curiosi. Era convinto che nella sua **ps**iche, per una **ps**eudo metem**ps**icosi, si fosse insediato un gatto che aveva visto ad U**pps**ala in un convegno sulla **ps**oriasi. Il suo problema gli creava dei raptus improvvisi ed i**ps**o facto si ritrovava a miagolare. Questo atteggiamento **ps**icotico analizzato dai due esperti in problemi della **ps**iche lo aveva molto prostrato tanto da tenerlo nascosto a tutti, insomma era to**p** secret. Un giorno il signor Sim**ps**on sentì l'impulso di entrare in una chiesa, si fermò come ipnotizzato davanti all'abside, cominciò a vedere luci **ps**ichedeliche e a sentire distintamente la musica di una ra**ps**odia ungherese. Gli sembrava di vivere uno **ps**icodramma. Prese un lapis e cominciò a scrivere le parole della ra**ps**odia che lasciò attaccate con una clip al confessionale, poi uscì miagolando. I dottori E**ps**tein ed E**ps**om saputo il fatto, dissero al signor Sim**ps**on che si ritenesse uno **ps**icopatico e che necessitava di una bio**ps**ia al cervello, gli consigliarono anche di scegliersi uno **ps**eudonimo e di nascondersi in un ospizio insieme al gatto.
Presero una penna di **ps**eudo penne di pavone, la intinsero in una pe**ps**i e firmarono con una enorme i**ps**ilon.

ESERCIZIO CON "X"

«Arbatàx, Alcatràx, o Excalibur?»
La scelta era difficile, ma Alexis e Alex non ebbero esitazioni. «Excalibur!». Il deus ex machina con la faccia eczematosa, li fece accomodare su una specie di Orient Express, azionò la leva e i due si ritrovarono immersi in una dimensione extrasensoriale.
Un extracomunitario su una spiaggia suonava un fox-trot una volta allo xilofono e una volta con il sax tenore, poco distante una extraparlamentare vendeva ex voto ed ex libris e come extra si potevano acquistare ex dono.
Una muta di fox terrier in un improvviso exploit si avventò contro Alexis e Alex che si salvarono in extremis rifugiandosi nella ex foresteria dell'albergo Excelsior.
Il cuore batteva così forte da provocare extrasistole. Dopo questo excursus cominciarono a gridare: «Pax! Pax!», ma il deus ex machina era intento a compilare la schedina e ripeteva «1 - X - 2».
Distratto azionò la leva ex novo. I due stanno ancora alle giostre, padiglione Excalibur.

APPENDICI

LOCUZIONI E TERMINI LATINI

N.B. Nella trascrizione fonetica non sono stati riportati i segni dell'alfabeto fonetico con il quale non tutti hanno dimestichezza, ma è stata usata una trascrizione che possa essere di immediata comprensione.

Ad libitum	ad lìbitum	a piacere, a scelta
Ad maiora	ad maiòra	a cose più grandi
Ad hoc	ad òk	per questo; predisposizione di qualcuno o qualcosa a un determinato scopo
Ad honorem	ad onòrem	a titolo d'onore
Ad interim	ad ìnterim	provvisoriamente
Ad personam	ad persònam	alla persona; detto di cariche e titoli (o anche argomenti, critiche) riferiti direttamente alla persona
Ad usum Delphini	ad ùsum Delfìni	a uso del Delfino; fu detto delle edizioni espurgate dei classici per la lettura del Delfino, figlio di Luigi XIV
Ad valorem	ad valòrem	secondo il valore
A latere	a làtere	al fianco (del Pontefice)
Alter ego	àlter ego	un altro me stesso; indica una persona che rappresenta pienamente un'altra
Aut aut	àut àut	o questo o quello
Bonus malus	bònus màlus	tipo di polizza assicurativa
Brevi manu	brèvi mànu	a mano, personalmente
Caput mundi	càput mùndi	capo del mondo (riferito a Roma)

Carpe diem	càrpe dìem	cogli il giorno presente
Castigat ridendo mores	castìgat ridèndo mòres	corregge i costumi ridendo
Casus belli	càsus bèlli	caso di guerra; motivo di dissidio
Cave canem	càve cànem	attento al cane
Cogito ergo sum	còggito èrgo sùm	penso dunque sono
Conditio sine qua non	condìzio sìne quà nòn	condizione indispensabile per un accordo (o un risultato)
Coram populo	còram pòpulo	pubblicamente
Cum grano salis	cùm gràno sàlis	con un granello di sale; con un po' di discernimento
De cuius	dé cùius	della (eredità) del quale: persona defunta della cui eredità si tratta
Deficit	dèficit	disavanzo, ammanco, perdita
Deus ex machina	dèus èks màkina	un dio (che appare) da una macchina; nel teatro greco classico, l'intervento della divinità sulla scena grazie a un apposito meccanismo
De visu	dé vìsu	direttamente, con i propri occhi
Do ut des	dò ut dès	do perché tu dia
Dulcis in fundo	dùlcis in fùndo	il dolce (viene) in fondo
Dura lex sed lex	dùra lèks sèd lèks	dura legge, ma è legge
Ecce homo	ècce òmo	ecco l'uomo
Errare humanum est	erràre umànum èst	errare è cosa umana
Ex abrupto	èks abrùpto	all'improvviso
Ex aequo	èks èquo	a pari merito
Ex cathedra	èks càtedra	in tono cattedratico
Ex libris	èks lìbris	dai libri; contrassegno applicato ai libri per provarne la proprietà
Fiat lux	fìat lùks	sia fatta la luce
Grosso modo	gròsso mòdo	approssimativamente
Habitat	àbitat	zona con particolari caratteristiche o condizioni ambientali

Hic et nunc	ìk et nùnk	qui e ora
Homo sapiens	òmo sàpiens	uomo sapiente; ominide preistorico
Honoris causa	onòris càusa	a titolo d'onore
In articulo mortis	in artìculo mòrtis	sul punto di morte
In cauda venenum	in càuda venènum	nella coda (sta) il veleno
In extremis	in ekstrèmis	all'ultimo momento
In hoc signo vinces	in òk sìgno vìnces	con questo segno vincerai
In illo tempore	in ìllo tèmpore	in quel tempo
In medio stat virtus	in mèdio stàt vìrtus	la virtù sta nel mezzo
In vino veritas	in vìno vèritas	nel vino (sta) la verità
Ipse dixit	ìpse dìksit	l'ha detto lui
Ipso facto	ìpso fàcto	immediatamente
Iunior	iùnior	più giovane
Iuniores	iunìòres	categoria giovanile di atleti
Lapis	làpis	matita
Lapsus	làpsus	svista, sbaglio
Melius est abundare quam deficere	mèlius èst abundàre quàm defìcere	è meglio abbondare che scarseggiare
Memento mori	memènto mòri	ricordati che devi morire
Modus vivendi	mòdus vivèndi	modo di vivere
Mors tua vita mea	mòrs tùa vìta mèa	la tua morte è la mia vita
Motu proprio	mòtu pròprio	di propria iniziativa
Mutatis mutandis	mutàtis mutàndis	fatte le dovute distinzioni
Non plus ultra	non plùs ùltra	non più oltre; limite estremo
Pater familias	pàter famìlias	padre di famiglia
Pro bono pacis	prò bòno pàcis	per il bene della pace
Pro domo sua	prò dòmo sua	per la propria casa;
Qui pro quo	quì prò quò	equivoco, malinteso
Quo vadis?	quò vàdis?	dove vai?
Redde rationem	rèdde raziònem	rendi conto; la resa dei conti
Refugium peccatorum	refùgium peccatòrum	rifugio dei peccatori
Relata refero	relàta rèfero	ripeto cose a me narrate
Repetita iuvant	repetìta iùvant	è bene ripetere
Scripta manent	scrìpta mànent	gli scritti restano

Sine die	sìne dìe	senza scadenza
Spes ultima dea	spès ùltima dèa	speranza ultima dea
Statu quo	stàtu quò	nella condizione in cui (si trovava prima)
Sui generis	sùi gèneris	di genere proprio, caratteristico
Sursum corda	sùrsum còrda	in alto i cuori
Ubi maior minor cessat	ùbi màior mìnor cèssat	dove è presente chi ha maggiore autorità, chi è inferiore si ritira
Urbi et orbi	ùrbi et òrbi	alla città (Roma) e al mondo; formula usata per solenni benedizioni pontificie
Vade mecum	vàde mècum	vieni con me
Vae victis	vé vìctis	guai ai vinti
Viribus unitis	vìribus unìtis	con le forze unite
Vis comica	vìs còmica	forza comica
Vox populi vox Dei	vòks pòpuli vòks Dèi	voce di popolo voce di Dio

PICCOLO DIZIONARIO DELLE PAROLE STRANIERE DI USO PIÙ COMUNE

Per agevolare chi non conosce l'Alfabeto Fonetico Internazionale, la pronuncia è stata indicata per lo più con le lettere dell'alfabeto italiano (*vedi* il capitolo *L'alfabeto fonetico*, alle pagg. 42-45). La lettura attenta e il rispetto degli accenti dovrebbero garantire la riproduzione esatta dei suoni.

A

Achievement	əčìivmənt (inglese)	compimento
Acid	æsid (inglese)	acido
Address	ədrès (inglese)	indirizzo
Aficionado	afiθionàdo (spagnolo)	dilettante, tifoso, amante
After shave	àftə šéiv (inglese)	dopobarba
Airbag	èəbæġ (inglese)	pallone di protezione tra volante e guidatore
Air fresh	èə frèš (inglese)	soluzione profumata per rinfrescare l'aria
Air terminal	èə tœminl (inglese)	stazione terminale urbana di linee aeree
À la carte	a la kàrt (francese)	alla carta
À la page	a la pàj (francese)	aggiornato; alla moda
Alcantara	Alcàntara (spagnolo)	località della Spagna; tessuto
Alcazar	Alkàθar (spagnolo)	cittadella o fortezza spagnola
Alzheimer	Alzhàimer (tedesco)	malattia; dal nome dello psichiatra
Antidoping	æntidòupinġ (dal greco *anti* e inglese *doping*)	controllo stupefacenti
Apartheid	əpàaθeit (dal francese *à part* e suffisso olandese *-heid*)	segregazione razziale

Aplomb	aplõ (francese)	sicurezza, disinvoltura
Argot	arġó (francese)	gergo
Art director	àat dirèktə (inglese)	direttore artistico
Attaché	atašé (francese)	membro del personale diplomatico
Audience	òodiəns(inglese)	uditorio, spettatori
Au pair	opèr (francese)	alla pari
Avance	avãs (francese)	approccio
Avocado	avocàdo (spagnolo)	frutto
Ayatollah	aiatollà (arabo)	tra i musulmani, titolo dato ai teologi e interpreti del Corano

....

B

Baby	béibi (inglese)	bimbo
Baby doll	béibi dòl (inglese)	corta camicia da notte
Baby sitter	béibi sìtə (inglese)	bambinaia
Backgammon	bækġèmən (inglese)	gioco con scacchiera e pedine
Background	bækġraund (inglese)	esperienza; sfondo
Bag	bæġ (inglese)	sacchetto, borsa
Bacon	béikən (inglese)	pancetta
Bagarre	baġàr (francese)	mischia, zuffa
Banjo	bænġou (inglese)	bangio, strumento musicale
Barbecue	bàabikiu (inglese)	cottura di carni all'aperto su griglia o braci; grigliata
Baseball	béiṣbool (inglese)	palla alla base
Basic	béiṣik (inglese)	di base, essenziale
Basket	bàskit (inglese)	cesto, pallacanestro
Batik	batìk (malese)	tecnica di tintura dei tessuti
Battage	batàj (francese)	chiasso pubblicitario
Bazooka	bəṣùukə (inglese)	arma lanciarazzi
Beat	bìit (inglese)	battito (da *to beat*, battere, picchiare)
Beatnik	bìitnik (inglese)	giovani della generazione *beat*
Beauty case	biùuti kéiṣ (inglese)	piccola valigia
Be-bop	bì-bop (inglese)	forma di jazz

Beguine	beǵìn (America latina)	danza moderna
Beige	bèj (francese)	color nocciola chiaro
Best seller	bèst sèlə (inglese)	il libro più venduto in un determinato periodo di tempo
Bidonville	bidõvìl (francese)	agglomerato di baracche
Big	bìǵ (inglese)	grande
Big apple	bìǵ æpl (inglese)	grande mela
Big bang	bìǵ bænǵ (inglese)	grande esplosione; teoria sulla nascita dell'universo
Bijou	bijù (francese)	gioiello
Birdwatching	bəduòčinǵ (inglese)	osservarzione degli uccelli
Birthday	bœ̀θ-dei (inglese)	giorno di compleanno
Bistrot	bistró (francese)	osteria
Bit	bìt (inglese)	contrazione di *binary digit*, cifra binaria
Bitch	bìč (inglese)	cagna
Bitter	bìtə (inglese)	amaro
Black	blæk (inglese)	nero
Black hole	blæk hóul (inglese)	buco nero
Blackout	blækaut (inglese)	oscuramento, interruzione della corrente
Blasé	blaṣé (francese)	indifferente, scettico
Blazer	bléiṣə (inglese)	giacca sportiva
Blitz	blìz (tedesco)	fulmine, lampo; attacco improvviso
Bloc notes	bloknòt (francese)	agenda per appunti
Blouson	bluṣõ̀ (francese)	giaccone sportivo
Blow up	blóu-ap (inglese)	esplosione
Blue chip	blùu čìp (inglese)	frammento; in borsa, azione sicura
Blue jeans	blùu ǧìns (inglese)	pantaloni di cotone
Blues	blùuṣ (inglese)	canzone popolare negra di ritmo lento
Bluff	blàf (inglese; italianizzato: blùf)	inganno
Boat	bóut (inglese)	imbarcazione
Boat people	bóut pìipl (inglese)	gente delle barche

Bob	bòb (inglese)	slitta da corsa
Bobby	bòbi (inglese)	poliziotto di Londra (termine familiare)
Body	bòdi (inglese)	corpo
Body building	bòdi bìldinġ (inglese)	costruzione del corpo, pesistica
Boogie woogie	Bùġi uùġi (inglese)	ballo
Boom	bùum (inglese)	voce onomatopeica per indicare rapida espansione economica
Boss	bòs (inglese)	signore, capo
Boule	bùl (francese)	borsa per acqua o ghiaccio
Boulevard	bulvàr (francese)	viale
Boutade	butàd (francese)	motto di spirito
Boutique	butìk (francese)	negozio elegante
Boy	bòi (inglese)	ragazzo
Boy friend	bòi frènd (inglese)	amico, amichetto, fidanzatino
Boy scout	bòi skàut (inglese)	giovane esploratore
Bowling	bóulinġ (inglese)	gioco delle bocce
Bow window	bóu uìndou (inglese)	bovindo; finestra ad arco
Box	bòks (inglese)	scatola
Break	bréik (inglese)	interruzione, pausa
Break dance	bréik dàns (inglese)	danza caratterizzata da movimenti sincopati
Bric-à-brac	brikabràk (francese)	cianfrusaglie
Bricolage	brikolàj (francese)	lavoretto domestico
Briefing	brìifinġ (inglese)	breve riunione a scopo illustrativo od operativo
Brochure	brošỳr (francese)	opuscolo
Broker	bróukə (inglese)	mediatore, agente di cambio
Brown sugar	bràun šùġə (inglese)	qualità particolare di eroina
Brulé	brylé (francese)	bruciato
Budget	bàǧet (inglese)	bilancio, preventivo
Buffet	byfé (francese)	credenza; tavolo di rinfreshi, posto di ristoro
Bulldozer	buldóuşə (inglese)	macchina spianatrice
Bungalow	bànġəlou (inglese)	casa con ampie verande
Bunker	bùnker (tedesco)	casamatta

Bureau	byró (francese)	scrittoio, ufficio
Bus	bas (inglese)	bus, autobus
Business	bìṣnis (inglese)	lavoro, affari
Buvette	byvèt (francese)	mescita di bibite e liquori
Bye-bye	baibài (inglese)	arrivederci
By-pass	bàipas (inglese)	raccordo
Byte	bàit (inglese)	termine del linguaggio dei computer

C

Cab	kæb (inglese, abbrev. dal francese *cabriolet*)	carrozza a due ruote chiusa
Cabaret	kabarè (francese)	caffè o ristorante con spettacoli di varietà
Cabochon	kabošő (francese)	pietra preziosa non sfaccettata
Cabriolet	kabriolè (francese)	auto decappottabile
Cachemire	kašmìr (francese)	tessuto del Kashmir
Cache-sexe	kàš sèks (francese)	mutandine molto ridotte
Café chantant	kafé šãtã̀ (francese)	caffè concerto
Cake	kéik (inglese)	dolce, torta
Call girl	kòol ġəl (inglese)	ragazza squillo
Calvados	kalvadós (francese)	acquavite di sidro
Camembert	kamãbèr (francese)	tipo di formaggio
Camper	kæ̀mpə (inglese)	campeggiatore; veicolo da turismo
Camping	kæ̀mpinġ (inglese)	campeggio
Campus	kæ̀mpəs (inglese)	complesso di edifici universitari
Canada	Kanadà (francese; Kæ̀nədə inglese; meno comune Kànada)	nome geografico
Cancan	kãkã̀ (francese)	danza dal ritmo sfrenato
Candid camera	kæ̀ndid kæ̀mərə (inglese)	ripresa di nascosto
Capital gain	kæ̀pitl ġéin (inglese)	utile di capitale
Caraibi	Karàibi (meglio che Karàibi)	nome geografico
Caravanning	kæ̀rəvæninġ (inglese)	viaggiare con la roulotte

121

Cardigan	kàdiġən (inglese)	golf a giacca
Carnet	karnè (francese)	taccuino
Cash and carry	kæ̀š end kæ̀ri (inglese)	paga e porta via
Casquet	kaské (francese)	figura di danza
Cast	kàast (inglese)	gruppo di attori che prendono parte a un film
Casual	kæ̀juəl(inglese)	abbigliamento informale
Catch	kæ̀č (inglese)	lotta libera
Catering	kéitəriṅ (inglese)	fornitura di cibi pronti per banchetti e comunità
Caveau	kavó (francese)	sotterraneo blindato di una banca
Chaise longue	šès lõġ (francese)	sedia a sdraio
Challenge	čæ̀liṅ (inglese)	sfida
Champagne	šãpàgn (francese)	spumante francese
Chance	šãs (francese)	sorte, possibilità
Chansonnier	šãsonié (francese)	cantautore, canzoniere
Chaperon	šaprõ̀ (francese)	accompagnatrice anziana di giovane donna
Charleston	čàlstən (inglese)	ballo
Charmant	šarmã̀ (francese)	affascinante
Cheap	čìip (inglese)	economico
Check-in	čekìn (inglese)	registrazione
Check-up	čekàp (inglese)	controllo medico
Chemin de fer	šəmẽ̀ də fèr (francese)	ferrovia; gioco di carte
Chèque	šèk (francese)	assegno bancario
Chewing gum	čùiṅgam (inglese)	gomma da masticare
Chiffon	šifõ̀ (francese)	tessuto sottile e trasparente; straccio
Chignon	šignõ̀ (francese)	crocchia
Chihuahua	čiuàua (messicano)	razza canina
Chiné	šiné (francese)	tessuto screziato
Chintz	čìnz (inglese)	tessuto per arredamento
Chip	čìp (inglese)	frammento
Ciré	siré (francese)	tessuto impermeabile lucido
City	sìti (inglese)	grande città

Claque	klàk (francese)	gruppo di persone incaricate di applaudire
Clip	klìp (inglese)	fermaglio
Clipper	klìpə (inglese)	veliero con tre o più alberi
Clochard	klošàr (francese)	vagabondo, barbone
Cloche	klòš (francese)	cappello floscio; barra di comando di un aereo
Clock	klòk (inglese)	orologio
Clou	klù (francese)	chiodo; punto culminante di una manifestazione
Club	klàb (inglese; anche Klœb, alla francese)	circolo; associazione
Cocktail	kòkteil (inglese)	miscela di liquori
Coffee break	kòfi bréik (inglese)	pausa per il caffè
Cognac	kognàk (francese)	acquavite di vino francese
Coiffeur	kuafœr(francese)	parrucchiere
Collant	kolã (francese)	calzamaglia
Collier	kolié (francese)	collana
Comfort	kàmfət (inglese; anche kõfòr alla francese)	comodità
Comic strip	kòmik strìp (inglese)	raccontino a fumetti
Compact disc	kəmpækt dìsk (inglese)	disco fonografico letto mediante impianto laser
Computer	kəmpiùtə (inglese)	calcolatore elettronico
Confort	kõfòr (francese)	comodità; vedi Comfort
Consommé	konsommé (francese)	brodo ristretto di carne
Container	kəntéinə (inglese)	contenitore, recipiente
Copyright	kòpirait (inglese)	riserva di diritto d'autore o di riproduzione
Corner	kòonə (inglese)	angolo; calcio d'angolo
Corn flakes	kòon fléiks (inglese)	fiocchi di mais
Cotillon	kotiiõ (francese)	omaggio, spesso a sorpresa, offerto durante una festa danzante
Count-down	kàuntdaun (inglese)	conto alla rovescia
Country music	kàntri miùusik (inglese)	musica popolare
Coup de foudre	ku də fùdr (francese)	colpo di fulmine

123

Coupé	kupé (francese)	tagliato; tipo di carrozzeria
Coupon	kupõ (francese)	tagliando
Cover girl	kàvə ġəl (inglese)	ragazza da copertina
Cow girl	kàu ġəl (inglese)	mandriana
Cracker	krǽkə (inglese)	biscotto croccante
Crawl	kròol (inglese)	tecnica di nuoto
Crêpe	krèp (francese)	crespo
Crêpe suzette	krèp syṣèt (francese)	sottile frittella
Cretonne	krətòn (francese)	tessuto di cotone
Crochet	krošè (francese)	uncinetto
Croupier	krupié (francese)	chi tiene il gioco per conto della direzione in una casa da gioco
Cul-de-sac	kydsàk (francese)	vicolo cieco
Curry	kàri (inglese)	miscela di spezie
Cutter	kàtə (inglese)	tipo di veliero

D

Data	déitə (inglese)	dati, informazioni
Day	déi (inglese)	giorno
Day hospital	déi hòspitl (inglese)	ospedale per il ricovero diurno
Dancing	dànsinġ (inglese)	discoteca
Dandy	dǽndi (inglese)	elegantone
Dee jay	dìi ğéi (inglese)	abbreviazione di *disc-jockey* (d.j.), addetto alla selezione musicale
Défaillance	defaiãs (francese)	debolezza, mancamento
Défilé	defilé (francese)	sfilata
Déjà vu	dejà vỳ (francese)	già visto
D'emblée	dãblé (francese)	di colpo, di primo acchito
Démodé	demodé (francese)	fuori moda
Dépendance	depãdãs (francese)	edificio minore annesso a un complesso principale
Derby	dəbi (inglese)	incontro sportivo tra squadre della stessa città
Dernier cri	dernié krì (francese)	all'ultima moda
Desaparecido	desapareθìdo (spagnolo)	scomparso

Déshabillé	desabiié (francese)	vestaglia elegante da casa
Design	dişàin (inglese)	progetto
Designer	dişàinə (inglese)	progettista
D'essai	desè (francese)	di prova; sperimentale
Dessert	desèr (francese)	l'ultima portata di un pasto; frutta, dolci
Detector	ditèktə (inglese)	rilevatore
Digital	dìğitl (inglese)	digitale, numerico
Diktat	diktàt (tedesco)	condizioni unilaterali
Disc-jokey	dìsk ğóuki (inglese)	addetto alla selezione musicale (*vedi* Dee jay)
Discount	diskàunt (inglese)	sconto
Display	displéi (inglese)	esposizione; video luminoso
Dixieland	dìksilænd (inglese)	jazz tradizionale
Do-it-yourself	duuitiəsèlf (inglese)	fai da te
Doll	dòl (inglese)	bambola
Doping	dóupinġ (inglese)	uso di eccitanti
Dossier	dosié (francese)	pratica, incartamento
Double face	dùble fàs (francese)	stoffa che presenta due dritti
Down	dàun (inglese)	giù
Dressage	dresàj (francese)	addestramento di cani o cavalli
Drink	drìnk (inglese)	bevanda
Drive in	dràiv ìn (inglese)	cinema all'aperto
Drop	dròp (inglese)	goccia
Dry	drài (inglese)	secco, asciutto
Duty-free	diùuti frìi (inglese)	esente da dogana, da imposte

....

E

Easy	ìişi (inglese)	facile
Editing	éditing (inglese)	cura redazionale di un testo per la pubblicazione
Elite	elìt (francese)	parte scelta di un gruppo sociale
Enclave	ãklàv (francese)	territorio chiuso entro uno Stato diverso da quello di appartenenza

125

Enfant prodige	ãfã prođìj (francese)	bambino prodigio
Engagement	ãġajmã̀ (francese)	impegno
Engineering	enġinìəriṅġ (inglese)	ingegneria, tecnica
En passant	ã pasã̀ (francese)	di sfuggita
En plein	ã plè̃ (francese)	massima vincita nella roulette
Entourage	ãturàj (francese)	cerchia
Entraîneuse	ãtrenœ̀ṣ (francese)	intrattenitrice di locali notturni
Equipe	ekìp (francese)	squadra, gruppo di lavoro
Escamotage	eskamotàj (francese)	sotterfugio, mossa astuta
Establishment	istæ̀bliŝmənt (inglese)	istituzioni; sistema dominante
Evergreen	èvəgriin (inglese)	sempreverde
Executive	iġṣékiutiv (inglese)	dirigente
Exploit	ekspluà (francese)	impresa, prodezza
Expo	ekspó (francese)	esposizione
Eye liner	ài làinə (inglese)	cosmetico per gli occhi

....

F

Fair play	fèə pléi (inglese)	gioco leale
Fallout	fòlaut (inglese)	pioggia, ricaduta radioattiva
Fan	fæn (inglese)	abbreviazione di *fanatic*; ammiratore fanatico
Far west	fàa uèst (inglese)	lontano ovest
Fast food	fàast fùud (inglese)	cibi pronti per il consumo veloce
Feedback	fìidbæk (inglese)	retroazione, ritorno di segnale
Feeling	fìiliṅġ (inglese)	sentimento
Fellah	fellàa (arabo)	contadino dell'Egitto e di altri Paesi arabi
Fernet	Fernèt (errato Fèrnet)	liquore digestivo
Festival	festivàl (francese) o fèstəvəl (inglese)	festa, sagra, rassegna periodica
File	fàil (inglese)	archivio, schedario
Fiscal drag	fìskəl dræ̀ġ (inglese)	crescita del prelievo fiscale dovuta all'inflazione
Fitness	fìtnis (inglese)	appropriatezza; buona salute
Fixing	fìksiṅġ (inglese)	quotazione di Borsa

Flambé	flãbé (francese)	alla fiamma
Flash	flæš (inglese)	lampo; breve notizia
Flirt	flət (inglese)	amoretto
Flou	flù (francese)	sfumato, sfocato
Flûte	flyt (francese)	bicchiere a calice alto e stretto
Föhn	fœ̀n (tedesco)	vento alpino caldo
Folk	fóuk (inglese)	gente, popolo, popolare
Folk song	fóuk sonġ (inglese)	canzone popolare
Fòn	fòn (adatt. italiano dal tedesco Föhn (vedi)	asciugacapelli
Fondant	fõdã̀ (francese)	fondente
Food	fùud (inglese)	cibo
Football	fùtbol (inglese)	gioco del calcio
Footing	fùtinġ (inglese)	podismo
Forfait	forfè (francese)	a prezzo globale
Foulard	fulàr (francese)	fazzoletto leggerissimo
Foyer	fuaié (francese)	a teatro, ridotto degli attori
Frame	fréim (inglese)	cornice, struttura, intelaiatura; fotogramma (cinematografico)
Franchising	frænčàiṣinġ (inglese)	appalto
Freak	frìik (ingl.popolare)	persona stravagante
Free	frìi (inglese)	libero
Free jazz	frìi ǧæ̀ṣ (inglese)	jazz libero
Free lance	frìi làns (inglese)	libero professionista
Full time	fùl tàim (inglese)	orario completo
Future	fiùučə (inglese)	futuro; termine usato nel linguaggio economico

G

Gabardine	ġabardìn (francese)	tipo di tessuto
Gadget	ġæ̀ǧit (inglese)	aggeggio
Gaffe	ġàf (francese)	topica, cantonata
Gag	ġæ̀ġ (inglese)	battuta, trovata comica
Game	ġéim (inglese)	gioco
Gang	ġènġ (inglese)	banda, combriccola

Gap	ġèp (inglese)	divario, squilibrio
Garden party	ġàdn pàati (inglese)	festa in giardino
Gauche	ġóš (francese)	sinistra
Gaucho	ġàučo (spagnolo)	mandriano
Gay	ġéi (inglese)	gaio, allegro; omosessuale
Geisha	ġèiša (giapponese)	ragazza giapponese dall'educazione raffinata, addetta a intrattenere gli ospiti
Gentleman	ġèntlmən (inglese)	signore, gentiluomo
Gift	ġìft (inglese)	regalo
Gilet	jilè (francese)	giacchettino con bottoni, panciotto
Gin fizz	ğìn fìṣ (inglese)	bevanda dissetante a base di gin
Ginger ale	ğìnğə éil (inglese)	bevanda non alcolica e gassata
Glamour	ġlæmə (inglese)	fascino, incanto
Glasnost	ġlàsnost (russo)	trasparenza
Goal	ġóul (inglese)	traguardo, rete (nel gioco del calcio); italianizzato: gòl
Gogo, à	aġoġó (francese)	a volontà
Go-kart	ġóukaat (inglese)	piccola vettura per competizioni su pista
Golf	ġòlf (inglese)	gioco; giacca di maglia
Golpe	ġólpe (spagnolo)	colpo di stato
Grandeur	ġrãdòèr (francese)	potenza, grandezza
Grand prix	ġrã̀ prì (francese)	gran premio
Grill	ġrìl (inglese)	graticola, griglia; carne cotta alla griglia
Grog	ġròġ (inglese)	ponce caldo con rum
Groggy	ġròği (inglese)	ubriaco, traballante
Guard-rail	ġàadréil (inglese)	ringhiera di protezione
Guest star	ġèst stàa (inglese)	celebrità, ospite d'onore
Guinness	ğìnis (inglese)	libro dei primati realizzati in ogni campo
Gulag	ġùlaġ (russo)	campo di concentramento
Gulasch	ġùlaš (ungherese)	spezzatino di carne con paprica
Guru	ġùru (sanscrito)	titolo attribuito in India alle persone degne di venerazione

H

Habillé	abiié (francese)	vestito; abito elegante
Hall	hòol (inglese)	sala di attesa, atrio, salone
Hamburger	hæmbəǧə (inglese)	polpetta di carne macinata cotta alla griglia
Hangar	ãǧàr (francese)	aviorimessa
Happening	hæpninǧ (inglese)	avvenimento
Harakiri	harakìri (giapponese)	suicidio mediante sventramento; italianizzato: *carachìri*
Hard core	hàad kòo (inglese)	detto di un film pornografico o di musica "dura"
Hardware	hàadueə (inglese)	elaboratore (in informatica)
Haute couture	ót kutỳr (francese)	alta moda
Heavy metal	hévi mètl (inglese)	stile musicale con sonorità forti
Henné	ené (francese)	sostanza colorante rossa
High fidelity	hài fidéliti (inglese)	alta fedeltà
Himalaya	Himàlaia (meglio che Himalàia)	nome geografico
Hinterland	hìnterland (tedesco)	retroterra
Hippy	hìpi (inglese)	appartenente a un movimento giovanile contestatario
Hit	hìt (inglese)	colpo; successo
Hobby	hòbi (inglese)	passatempo
Hockey	hòki (inglese)	sport su ghiaccio
Holding	hóuldinǧ (inglese)	abbreviazione di *holding company*, società finanziaria
Home computer	hóum kəmpiùtə (inglese)	piccolo computer per uso individuale e familiare
Hostess	hóustis (inglese)	assistente di volo
Hot dog	hòt dòǧ (inglese)	panino con würstel e mostarda
Hôtel	otèl (francese)	albergo
Hot line	hòt làin (inglese)	linea diretta; linea calda
Hot pants	hòt pænts (inglese)	pantaloncini da donna corti
Hully gully	hàli ǧàli (inglese)	ballo
Humor	hiùumə (inglese)	senso dell'umorismo

I

Ice-cream	àis kriim (inglese)	gelato
Identikit	aidèntikit o identikìt (inglese)	sistema di ricostruzione del viso di persone ricercate
Ikebana	ikebàna (ikébana giapponese)	l'arte giapponese della composizione floreale
Impasse	ẽpàs (francese)	vicolo cieco
Impeachment	impìčmənt (inglese)	incriminazione; chiamata in giudizio di persona che detiene un'alta carica pubblica
Input	ìnput (inglese)	dati da immettere in un computer
Intelligence service	intèligəns scèvis (inglese)	servizio segreto
Iud	iùd (inglese)	sigla di *Intra Uterine Device*; metodo anticoncezionale

J

Jabot	jabó (francese)	davantino di pizzo
Jack	ǧæ̀k (inglese)	spina di connessione; presa telefonica; fante (delle carte)
Jam session	ǧæ̀m sèšən (inglese)	riunione di musicisti, specie di jazz, per suonare improvvisando
Jazz band	ǧæ̀ṣ bænd (inglese)	complesso jazz
Jeans shop	ǧĩns šòp (inglese)	negozio di jeans
Jeep	ǧĩip (inglese)	camionetta
Jersey	ǧə̀ṣi (inglese)	tessuto
Jet	ǧèt (inglese)	aereo con motori a reazione
Jet set	ǧèt sèt (inglese)	persone dell'alta società internazionale
Jingle	ǧĩngl (inglese)	tintinnio, motivetto, sigla musicale
Job	ǧòb (inglese)	lavoro
Jogging	ǧòġinġ (inglese)	corsa cadenzata a ritmo lento
Joint	ǧòint (inglese)	giuntura, articolazione, spinello
Jolly	ǧòli (inglese)	matta nel gioco delle carte
Joy-stick	ǧòistik (inglese)	leva di comando

Judo	ǧùdou (inglese, tratto dal giapponese)	arte marziale
Juke-box	ǧùukbòks (inglese)	grammofono a gettone
Jumbo	ǧàmbou (inglese)	una cosa o una persona più grande del normale
Jury	ǧùəri (inglese)	giuria

....

K

Kabuki	kabùki (giapponese)	spettacolo teatrale giapponese
Kalaschnikov	kalàšnikòf (russo)	mitragliatrice
Kamikaze	kamikàṣe (giapponese)	pilota di missione suicida
Kaputt	kapùt (tedesco)	"rotto": rovinato, finito
Kermesse	kermès (francese)	festa popolare all'aperto
Ketchup	kèčəp (inglese)	salsa piccante
Kibbutz	kibbùz (ebraico)	raggruppamento; fattoria collettiva nello stato di Israele
Kidnapping	kìdnæpinġ (inglese)	rapimento di un bambino
Killer	kìlə (inglese)	assassino
Kilobyte	kilobàit (inglese)	unità usata in elettronica
Kilt	kìlt (inglese)	gonna scozzese
Kimono	kimòno (giapponese)	abito tradizionale giapponese; italianizzato: *chimono*
Kinderheim	kìndərhaim (tedesco)	scuola materna privata
Kiss	kìs (inglese)	bacio
Kit	kìt (inglese)	attrezzatura; insieme di pezzi sciolti da assemblare
Kiwi	kìui (inglese, dal maori)	frutto (anche italianizzato *kìvi*); uccello della Nuova Zelanda;
Kleenex	klìineks	fazzoletti di carta
Knock-out	nòkaut (inglese)	detto più comunemente K.O.: nel pugilato, colpo che mette fuori combattimento
Kolossal	kolossàl (tedesco) comunemente usato nella forma inglese colossal (kəlòsl)	film ad altissimo costo produttivo

L

Lady	léidi (inglese)	signora; titolo nobiliare inglese
Lager	làġər (tedesco)	campo, campo di concentramento
Lamé	lamé (francese)	laminato
Lapin	lapè̃ (francese)	coniglio
Laser	léiṣə (inglese)	dispositivo per ottenere un fascio di radiazioni luminose
Latin lover	làtin làvə (inglese)	amante latino
Leader	lìidə (inglese)	capo
Leasing	lìisinġ (inglese)	locazione
Leitmotiv	làitmotiif (tedesco)	motivo conduttore
Lie detector	lài ditèctə (inglese)	macchina della verità
Lift	lìft (inglese)	ascensore
Lifting	lìftinġ (inglese)	trattamento estetico per ridurre le rughe
Linotype	làinoutaip (inglese)	linotipo
Live	làiv (inglese)	in diretta, dal vivo
Lobby che	lòbi (inglese)	in politica, gruppo di persone fa manovre di corridoio prima del passaggio di una legge
Loden	lódən (tedesco)	panno di lana; cappotto
Lord	lòod (inglese)	titolo nobiliare inglese
Love story	làv stòri (inglese)	storia d'amore

M

Machete	mačéte (spagnolo)	arma bianca
Macho	màčo (spagnolo)	mascolino, maschio
Made in	méid in (inglese)	fatto, fabbricato in/a...
Mademoiselle	madmuaṣèl (francese)	signorina
Magazine	mæ̀ġəṣiin (inglese)	rivista
Maharaja	maaràġa (inglese, dall'indostano)	principe indiano
Mail air	méil èə (inglese)	posta aerea
Maison	meṣõ (francese)	casa

Majorette	meiǧərèt (inglese)	ragazza in divisa che accompagna la banda musicale
Make up	méik ap (inglese)	trucco
Management	mǽniǧmənt (inglese)	amministrazione, direzione
Manager	mǽniǧə (inglese)	dirigente
Mannequin	mankè̌ (francese)	indossatrice
Marketing	màakitinǧ (inglese)	commercializzazione
Mascara	maskàra (inglese)	cosmetico per ciglia
Mass media	mǽs mìidiə (inglese)	mezzi di comunicazione di massa (italianizzato: *màs mèdia*)
Master	màastə (inglese)	padrone, maestro
Match	mǽč (inglese)	incontro
Megahertz	meǧahèrz	unità di misura di frequenza
Memorial day	mimòriəl déi (inglese)	giorno in memoria dei caduti
Menu	mənỳ (francese)	lista delle pietanze
Metal detector	mètl ditèctə (inglese)	rilevatore di metalli
Middle class	mìdl klàs (inglese)	classe media, borghese
Mignon	mignò̃ (francese)	carino, grazioso; piccolo
Miss	mìs (inglese)	signorina; vincitrice di un concorso di bellezza
Mister	mìstə (inglese)	signore
Mixer	mìksə (inglese)	miscelatore di cocktail, frullatore
Mood	mùud (inglese)	umore (di una persona)
Moog	mùǧ (inglese)	strumento elettronico
Mountain bike	màuntin bàik (inglese)	bicicletta per strade accidentate
Mousse	mùs (francese)	spuma; dolce schiumoso
Murales	muràles (spagnolo)	pittura sui muri
Musical	miùuṣikəl (inglese)	musicale; commedia musicale

N

Nécessaire	nesesèr (francese)	borsa con gli oggetti da toeletta
Négligé	neǧlijé (francese)	veste da camera femminile
Network	nèt-uœk (inglese)	sistema; rete televisiva
New deal	niùu dìil (inglese)	letteralmente, nuovo accordo; piano di riforme
News	niùṣ (inglese)	notizie, novità

Night club	nàit klàb (inglese)	locale notturno
Noblesse oblige	noblès oblìj (francese)	letteralmente, nobiltà fa obbligo
Noël	Noèl (francese)	Natale
Noir	nuàr (francese)	nero
Nonchalance	nõšalãs (francese)	noncuranza, indifferenza
Non stop	nònstop (inglese)	diretto, senza interruzione
Notice	nóutis (inglese)	avviso
Nuance	nuãs (francese)	sfumatura
Nurse	nœs (inglese)	bambinaia, infermiera
Nursery	nœsri (inglese)	locale per i bambini piccoli

O

Of course	ov còos (inglese)	naturalmente, certo
Off limits	òf-lìmits (inglese)	accesso vietato
Offshore	òfšoo (inglese)	gara motonautica in mare aperto
Old fashion	óuld fæšn (inglese)	moda superata
Omelette	omlèt (francese)	frittata
Open door	óupən dòo (inglese)	porta aperta; in diplomazia, libertà di scambio
Optional	òpšənəl (inglese)	facoltativo
Osé	osé (francese)	spinto
Outsider	autsàidə (inglese)	atleta o cavallo non favorito
Ouverture	uvertỳr (francese)	brano sinfonico
Overdose	ouvədóus (inglese)	dose fatale di narcotici

P

Pacemaker	péismeikə (inglese)	stimolatore cardiaco
Package	pækiğ (inglese)	pacco, imballaggio;
Page (à la page)	pàj (alapàj) (francese)	aggiornato, informato, al corrente
Paillette	paiièt (francese)	lustrino
Pancake	pænkeik (inglese)	frittella dolce
Papier mâché	papié mašé (francese)	cartapesta
Papillon	papiiõ (francese)	farfalla; cravatta a farfalla

Pap test	paptèst (inglese)	esame vaginale
Parade	pəréid (inglese)	letteralmente sfilata; *hit parade*, rassegna di canzoni di successo
Parfum	parfɛ̃ (francese)	profumo
Parking	pàakinġ (inglese)	parcheggio, sosta
Parterre	partèr (francese)	platea
Partner	pàatnə (inglese)	compagno, socio
Part time	pàat tàim (inglese)	lavoro a orario ridotto
Party	pàati (inglese)	trattenimento; partito
Parure	parỳr (francese)	ornamento; serie di gioielli o capi di vestiario abbinati
Parvenu	parvənỳ (francese)	nuovo ricco
Passe-partout	paspartù (francese)	chiave universale
Password	pàasuəd (inglese)	parola d'ordine
Patchwork	pǽčuək (inglese)	stoffa composta di riquadri cuciti insieme
Pâté	paté (francese)	pasticcio; pasticcio di carne
Pavé	pavé (francese)	lastricato
Peeling	pìilinġ (inglese)	trattamento di bellezza
Penalty	pènəlti (inglese)	rigore, punizione
Pendant	pãdã̀ (francese)	oggetto che fa riscontro, che si accompagna a un altro
Performance	pəfòoməns (inglese); performã̀s (francese)	prestazione sportiva, rappresentazione
Petting	pètinġ (inglese)	effusioni amorose
Photofit	fóutofit (inglese)	identikit fotografico
Pick-up	pìkap (inglese)	fonorivelatore; furgoncino
Picnic	pìknik (inglese)	colazione all'aperto
Pièce	piès (francese)	pezzo; opera teatrale
Pied-de-poule	piédpùl (francese)	stoffa a piccoli motivi bicolori
Pied-à-terre	pietatèr (francese)	alloggio provvisorio
Piláf	pilàf (francese)	ricetta mediorientale di riso
Pin-up (girl)	pìnap (ġə̀l) (inglese)	ragazza molto attraente
Pipeline	pàiplain (inglese)	conduttura; oleodotto
Pitt bull	pìt bùl (angloamericano)	razza canina
Planning	plǽninġ (inglese)	programmazione

135

Play-back	pléi bæk (inglese)	interpretazione preregistrata
Play-boy	pléiboi (inglese)	conquistatore amoroso
Please	plìiş (inglese)	per favore
Pochade	pošàd (francese)	commedia brillante
Pocket-book	pòkit bùk (inglese)	libro tascabile
Pogrom	pagròm (russo)	strage, genocidio
Pois, à	a puà (francese)	tessuto con motivo a pallini
Pole position	póul pəşìšən (inglese)	in posizione di comando
Poltergeist	pòlterġaist (tedesco)	spirito folletto
Pony express	póuni iksprès (inglese)	corrieri motorizzati
Pool	pùul (inglese)	gruppo di lavoro
Pop art	pòp àat (inglese)	forma d'arte contemporanea
Popcorn	pòpkoon (inglese)	mais soffiato
Popeline	poplìn (francese)	tipo di tessuto leggero italianizzato: *pòpelin*
Poster	póustə (inglese)	manifesto
Pot pourri	popurrì (francese)	componimento letterario o musicale costituito di più pezzi eterogenei messi insieme
Pouf	pùf (francese)	piccolo sedile imbottito
Pourparler	purparlé (francese)	trattativa
Premier	prémiə (inglese)	Primo Ministro
Première	prəmièr (francese)	prima rappresentazione
Press agent	près éiġənt (inglese)	agente pubblicitario
Preview	priviùu (inglese)	anteprima
Price	pràis (inglese)	prezzo
Privacy	prìvəsi o pràivəsi (inglese)	vita privata
Pub	pàb (inglese)	locale pubblico in cui si servono alcolici
Punch	pànč (inglese)	bevanda calda
Punk	pànk (inglese)	movimento di contestazione giovanile
Putsch	pùč (tedesco)	sommossa
Puzzle	pàşl (inglese)	enigma, rompicapo

Q

Queen	kuìin (inglese)	regina
Querelle	kərèl (francese)	disputa
Quiz	kuìṣ (inglese)	esame, quesito

R

Racket	ràekit (inglese)	attività illegale
Radical chic	radicàl šìk (francese)	sinistrismo di maniera di certi ambienti culturali d'élite
Rag time	ràeġtaim (inglese)	tipica musica negro-americana dal ritmo fortemente sincopato
Raid	réid (inglese)	incursione
Rais	ràis (arabo)	capo
Rally	rèli (inglese) meno bene ralì (francese)	corsa automobilistica
Range rover	réinġ róuvə (inglese)	tipo di macchina fuoristrada
Rap	ràep (inglese)	tipo di ballo
Reception	risèpšən (inglese)	accoglienza, banco d'albergo
Recital (o Récital)	risàitl (inglese) resitàl (francese)	rappresentazione italianizzato: rècital
Refill	rifìl (inglese)	ricambio, ricarica
Refrain	rəfrèn (francese)	ritornello
Relais	rəlè (francese)	di ricambio; apparecchio elettrico (italianizzato: relè)
Relax	rilàeks (inglese)	rilassamento
Rendez-vous	rãdevù (francese)	appuntamento
Rentrée	rãtré (francese)	rientro
Replay	ripléi (inglese)	giocare di nuovo; ripetere
Reporter	ripòotə (inglese)	cronista
Revers	rəvèr (francese)	rovescio, risvolto
Ring	rìnġ (inglese)	anello; il quadrato su cui si svolgono gli incontri di pugilato
Robot	ròbot (ceco) robó (francese)	automa
Rock and roll	ròk n ròl (inglese)	tipo di ballo

Roof garden	rùuf ġàdn (inglese)	giardino pensile; terrazza
Rosé	roṣé (francese)	rosato; vino rosato
Round	ràund (inglese)	ripresa
Rush	ràš (inglese)	scatto

S

Saint-honoré	sētonoré (francese)	dolce con panna montata
Sakè	sakè o sàke (giapponese)	bevanda
Saloon	səlùun (inglese)	tipico bar
Sandwich	sǽnuiǧ (inglese)	panino
Sauté	soté (francese)	fritto in padella
Savoir faire	savuàr fèr (francese)	avere tatto
Scanner	skǽnə (inglese)	apparecchio per analizzare
Scoop	skùup (inglese)	notizia in esclusiva
Scooter	skùutə (inglese)	motoretta
Score	skòo (inglese)	punteggio
Scotch	skòč (inglese)	wisky scozzese
Scout	skàut (inglese)	(giovane) esploratore
Screen	skrìin (inglese)	schermo
Screen play	skrìin pléi (inglese)	sceneggiatura
Script	skrìpt (inglese)	testo, copione
Self-control	sèlf kəntróul (inglese)	autocontrollo
Self-made man	sèlf méid mèn (inglese)	uomo che si è fatto da sé
Self-service	sèlf-sœvis (inglese)	ristorante o tavola calda dove ci si serve da soli
Serial	sìəriəl (inglese)	di serie; a puntate
Set	sèt (inglese)	insieme, servizio completo; scena (di cinema, teatro)
Sex appeal	sèks əpìil (inglese)	fascino
Shaker	šéikə (inglese)	miscelatore
Share	šèə (inglese)	quota (in borsa), azione, titolo
Sherpa	šèrpa (dal tibetano *shar-pa*)	nome italianizzato delle guide o portatori himalaiani
Shirt (tee)	šœt (tìi šœt; inglese)	maglietta
Shop	šòp (inglese)	negozio

Shorts	šoots (inglese)	pantaloncini corti
Show	šóu (inglese)	spettacolo
Sidecar	sàidkaa (inglese)	carrozzino da applicare lateralmente a una motocicletta
Silhouette	siluèt (francese)	contorno, figura
Sion	Sìon o Siõ	nome geografico
Sir	sǝ (inglese)	signore
Sit-in	sitìn (inglese)	occupazione pacifica
Skate board	skéit bòod (inglese)	tavoletta a rotelle
Sketch	skèč (inglese)	scenetta comica
Ski-lift	ski lìft (inglese)	sciovia
Ski-pass	ski pàs (inglese)	tesserini per sciovia
Skipper	skìpǝ (inglese)	capitano di una piccola imbarcazione
Skylab	skàilæb (inglese)	abbreviazione di *sky laboratory*, laboratorio spaziale
Slang	slæṅġ (inglese)	parlato gergale
Slogan	slóuġǝn (inglese)	motto pubblicitario
Slot machine	slòt mǝšìn (inglese)	macchina a gettone
Slow	slóu (inglese)	lento, ballo lento
Smack	smæk (inglese)	bacio con schiocco
Smart	smàat (inglese)	svelto, elegante
Smoking	smòukiṅġ (inglese)	vestito da sera maschile
Snack bar	snæk bàa (inglese)	tavola calda
Sniff	snìf (inglese)	fiutare
Soap opera	sóup òpǝrǝ (inglese)	teleromanzo
Soccer	sòkǝ (inglese)	nome dato in America al gioco del calcio
Soft drink	sòft drìnk (inglese)	bevanda analcolica
Software	sòftueǝ (inglese)	in informatica, nome dei componenti di programmazione
Soirée	suaré (francese)	serata di gala
Sommelier	somǝlié (francese)	esperto di vini nei ristoranti di lusso
Soufflé	suflé (francese)	vivanda (letteralmente "soffiato")
Soul	sóul (inglese)	spirito, anima

Sound	sàund (inglese)	suono
Souplesse	suplès (francese)	elasticità, flessibilità,morbidezza
Souvenir	suvnìr (francese)	ricordo
Speaker	spìikə (inglese)	annunciatore
Speed	spìid (inglese)	velocità
Spiritual	spìritiuəl (inglese)	spirituale; canto corale tipico dei neri d'America
Sponsor	spònsə (inglese)	garante, patrocinatore
Spot	spòt (inglese)	spazio pubblicitario
Spray	spréi (inglese)	spruzzo
Sprint	sprìnt (inglese)	breve corsa veloce, volata
Squash	skuòš (inglese)	nome di un gioco con racchette
Stage	stéiǧ (inglese)	corso di preparazione; palco
Star system	stàa sìstəm (inglese)	divismo
Starter	stàatə (inglese)	chi dà la partenza di una corsa; motorino di avviamento
Status symbol	stéitəs sìmbəl (inglese)	simbolo della condizione sociale
Store	stòo (inglese)	negozio, magazzino,
Stress	strès (inglese)	tensione
Striptease	strìptiiṣ (inglese)	spogliarello
Stuntman	stàntmən (inglese)	controfigura
Suite	syìte (francese)	seguito, serie; appartamento in albergo
Summit	sàmit (inglese)	incontro al vertice
Supporter	səpòtə (inglese)	sostenitore, tifoso
Surplace	syrplàs (francese)	sul posto; restare immobilizzati
Suspense	səspèns (inglese)	stato d'ansia
Swing	suìnġ (inglese)	particolare tipo di jazz

T

Tabloid	tæbloid (inglese)	giornale popolare
Tailleur	taicèr (francese)	abito da donna
Talent scout	tælənt skàut (inglese)	scopritore di talenti
Talk show	tòok šóu (inglese)	incontro televisivo o radiofonico con ospiti

Tape	téip (inglese)	nastro magnetico o perforato
Tapis roulant	tapì rulã (francese)	nastro trasportatore
Target	tàaġit (inglese)	bersaglio
Task force	tàsk fòos (inglese)	unità tattica
Team	tìim (inglese)	squadra
Teddy boy	tèdi bòi (inglese)	giovane teppista
Teenager	tìnéiġə (inglese)	adolescente
Terminal	tœ̀minl (inglese)	abbreviazione di *air terminal*; stazione di arrivo dei passeggeri all'aeroporto
Tête-à-tête	tètatèt (francese)	colloquio intimo
Thriller	θrìlə (inglese)	che dà brividi
Ticket	tìkit (inglese)	biglietto
Tie	tài (inglese)	pareggio; cravatta
Tilt	tìlt (inglese)	inclinazione; "andare in tilt" vacillare
Timer	tàimə (inglese)	cronometro
Toast	tóust (inglese)	pane tostato
Toilette	tualèt (francese)	toeletta; gabinetto
Topless	tòplis (inglese)	costume senza la parte superiore
Tout court	tù cùr (francese)	semplicemente, senz'altro
Town	tàun (inglese)	città
Trailer	tréilə (inglese)	rimorchio
Training	tréininġ (inglese)	allenamento
Trait d'union	trè d'yniõ̀ (francese)	vincolo, collegamento
Trance	tràans (inglese)	sonno ipnotico
Transfer	trænsfə (inglese)	trasferimento
Travellers' cheque	trævlə čèk (inglese)	assegno turistico
Trekking	trèkinġ (inglese)	spedizione con lunghi percorsi
Trend	trènd (inglese)	tendenza
Trip	trìp (inglese)	viaggio
Trophy	tróufi (inglese)	trofeo
Truck	tràk (inglese)	autocarro
Trompe l'oeil	trõpl'œ̀i (francese)	inganno visivo
Trust	tràst (inglese)	alleanza, fiducia

T-shirt	tìi šœ̀t (inglese)	maglietta
Tutor	tiùutə (inglese)	tutore
Twin set	tuìn sèt (inglese)	completo di maglia e giacchino dello stesso colore

U

Ukraina	Ukràina o Ukraìna	nome geografico
Ultra	yltrà (francese)	estremista; adattato talvolta in *ultrà*
Update	àpdeit (inglese)	aggiornamento
Uppercut	àppəcat (inglese)	montante

V

Vamp	væmp (inglese)	da *vampire*, donna fatale; italiano: *vamp*
Versus	və̀səs (inglese)	contro, all'opposizione
Videogame	vìdiou ġèim (inglese)	videogioco
Video-music	vìdiou miùṣik (inglese)	videomusica
Video-tape	vìdiou téip (inglese)	videonastro
Vietnam	Vietnàm	nome geografico
Vip	vìp (inglese)	sigla di *Very Important Person*; personaggio importante
Visagiste	viṣajìst (francese)	persona che studia l'acconciatura esteticamente più adatta a un certo viso
Vis-à-vis	viṣavì (francese)	di fronte; faccia a faccia
Vogue	voġ (francese)	moda
Voilà	vualà (francese)	ecco!
Vol-au-vent	volovã̀ (francese)	pasticcino di pasta sfoglia ripieno
Volklied	fòlklid (tedesco)	canto popolare
Volley	vòli (inglese)	pallavolo
Voyage	vuaiàj (francese)	viaggio
Voyeur	vuaiœ̀r (francese)	guardone

W

Wafer	uéifə (inglese)	biscotto friabile
Wagon lit	vagǒ lì (francese)	carrozza con letti
Walkie talkie	uòoki tòoki (inglese)	radiotelefono portatile
Water closet	uòotə klòṣit (inglese)	gabinetto
Week end	uiikènd (inglese)	fine settimana
Welcome	uèlkəm (inglese)	benvenuto
Welfare state	uèlfeə stéit (inglese)	stato assistenziale
Western	uèstən (inglese)	occidentale; genere di film
Wild	uàild (inglese)	selvaggio
Windsurf	uìndsəf (inglese)	sport acquatico
Wisky à gogo	uìski agogó (francese)	tipo di bar dove si balla
Wood	uùd (inglese)	legno
Wool	uùl (inglese)	lana
Word processing	ucèd próusesinġ (inglese)	elaborazione di un testo scritto
Work station	ucèk stéiŝən (inglese)	sistema di software
Wrestling	rèslinġ (inglese)	tipo di lotta
Würstel	vỳrstəl (tedesco)	salsicciotto

Y

Yacht	iòt (inglese)	battello da crociera
Yankee	iænkii (inglese)	nord americano, statunitense
Yemen	Yèmen	nome geografico
Yen	ièn (giapponese)	unità monetaria giapponese
Yoga	iòġa (sanscrito)	tecnica di rilassamento
Yogi	iòġi (sanscrito)	persona che pratica yoga
Yuppies	iùpiṣ (inglese)	sigla di *Young Urban Professionals*; giovani in carriera

Z

Zen	ẓèn (sanscrito)	pensiero
Zip	ṣìp (inglese)	chiusura lampo; italianizzato: *z ip*

143

Finito di stampare nel mese di aprile 2000
presso Giunti Industrie Grafiche S.p.A.
Stabilimento di Prato